转换成本对农业企业与农户间组织形式的影响研究

——以水稻为例

董晓波 著

中国财经出版传媒集团

经济科学出版社
Economic Science Press

图书在版编目（CIP）数据

转换成本对农业企业与农户间组织形式的影响研究：
以水稻为例/董晓波著. —北京：经济科学出版社，
2021. 12
ISBN 978 - 7 - 5218 - 3347 - 8

Ⅰ. ①转…　Ⅱ. ①董…　Ⅲ. ①农业企业 - 关系 - 农户
经济 - 议价 - 研究 - 中国　Ⅳ. ①F324②F325.1

中国版本图书馆 CIP 数据核字（2021）第 268190 号

责任编辑：黄双蓉
责任校对：杨　海
责任印制：邱　天

转换成本对农业企业与农户间组织形式的影响研究
——以水稻为例
董晓波　著
经济科学出版社出版、发行　新华书店经销
社址：北京市海淀区阜成路甲 28 号　邮编：100142
总编部电话：010 - 88191217　发行部电话：010 - 88191522
网址：www. esp. com. cn
电子邮箱：esp@ esp. com. cn
天猫网店：经济科学出版社旗舰店
网址：http：//jjkxcbs. tmall. com
固安华明印业有限公司印装
710×1000　16 开　11 印张　200000 字
2021 年 12 月第 1 版　2021 年 12 月第 1 次印刷
ISBN 978 - 7 - 5218 - 3347 - 8　定价：39. 00 元
（图书出现印装问题，本社负责调换。电话：010 - 88191510）
（版权所有　侵权必究　打击盗版　举报热线：010 - 88191661
QQ：2242791300　营销中心电话：010 - 88191537
电子邮箱：dbts@ esp. com. cn）

序　言

1999 年我从东北农村考入大学，立志要好好读书，回报家乡。读大学期间，喜欢在图书馆里看杂志，当读到牛若峰老师关于农业产业化的文章时特别兴奋，牛老师对"三农"问题的分析切中要害，提出的农业产业化道路"对症下药"。每次寒暑假回家都向左邻右舍说农业要走产业化道路，咱农户要和公司签订单。老乡们也觉得这是个好路子，粮食不愁销路了。直至今天，我们村也没和公司签过农业订单。也有很多地方出现了订单农业违约率高的现象。工业领域的订单化生产在农业领域却四处碰壁，原因何在？

不是农业产业化道路走不通，而是我们究竟该怎么走。改革开放以来，我国农村发生了翻天覆地的变化，农业生产力水平达到了前所未有的高度，农村劳动力不断地向城市转移，农业劳动生产率和土地生产率都达到了较高水平。即便如此，我们仍要保持清醒的头脑，我国是有着 14 亿人口的大国，粮食安全仍是头等大事。"谁来种地、如何种地"的问题仍是重要问题。农业提质增效迫在眉睫，提高农产品质量，满足人们对美好生活的需要是未来农业发展的必经之路。解决这些问题，实现这些目标只靠农民自身很难完成，必须走农业产业化道路，充分发挥农业企业的市场优势和资本优势。

农业企业与农户间的合作是农业产业化的重要形式。不能违背客观规律强行促成合作，而要顺应规律在"双赢"基础上达成合作。但是，也不能期望合作会自然发生，"事在人为"，解决问题的办法不会自己产生，我们要积极发挥主观能动性，主动研究合作的条件、合作的成本、合作的模式等重要因素，积极寻求解决问题的办法。不能因为找不到解决办法就质疑农业产业化，就质疑农业企业与农户间的合作，就质疑人类促进合作的主观能动性。

本书从转换成本视角探究农业企业和农户间合作的治理模式问题，试图为促进农业企业与农户间的合作提供理论解释。农业企业和农户是农业产业链上重要的两大主体，承载着生产、加工和销售的主要功能，两者间的交易关系由来已久，所以我们就以交易关系为研究对象，分析每个交易背后的信息。我们发现，在交易初期，交易者很难锁定交易对象，都在市场上寻找合适的交易对象，期间发生了信息费用、询价费用、谈判费用等交易费用。目前已有很多学者在研究交易费用对治理模式的影响。但是影响合作成功与否还有一个重要因素，就是转换成本。

任何一个交易者转换交易对象都会发生转换成本，它与交易费用不同，就某个交易而言，转换成本是一种可能会发生的成本，不是实际发生的成本。但是它会影响交易能否达成。如果转换成本较大，完成当前交易就是最优选择；如果转换成本很小，就可能转向其他交易对象。转换成本高的一方会设计出相应的合作治理模式来约束和激励转换成本低的一方，促使交易顺利达成，合作得以延续。从转换成本视角研究农业企业与农户间的治理模式可以为我们提供一个促进农业产业化的新思路。

本书能够出版非常不易，感谢我的导师南京农业大学经济管理学院的常向阳教授，感谢所有给予我帮助和支持的领导、同事和朋友们，感谢出版社编辑们辛苦的付出。最后，要感谢我的家人，他们给予我不断前进的动力！

董晓波

2021 年 12 月 17 日

目　　录

第1章 导　　论

1.1　问题的提出

土地流转、规模经营关乎到我国未来农业生产关系的变革，在此过程中，企业与农户之间的关系逐渐由商品契约向要素契约转化，呈现出纵向一体化趋势，党的十八届三中全会通过的《中共中央关于全面深化改革若干重大问题的决定》中指出："鼓励承包经营权在公开市场上向专业大户、家庭农场、农民合作社、农业企业流转，发展多种形式规模经营"。党的十九大报告中也明确提出："构建现代农业产业体系、生产体系、经营体系，完善农业支持保护制度，发展多种形式适度规模经营，培育新型农业经营主体，健全农业社会化服务体系，实现小农户和现代农业发展有机衔接"。农业企业逐渐成为农业新型经营主体，是影响农村经济发展的重要力量之一，例如米业公司、粮食储运企业等。这些企业与农户之间的产业组织形式可分为现货市场、合约、纵向一体化、联合所有权等，这些组织形式在新制度经济学中被称为"合约安排"或"合约选择"。从现货市场到纵向一体化，其间分布着多种组织形式，它们共同组成了一个连续的谱系，每种组织形式都是交易主体在现有约束条件下所作出的选择。企业与农户之间的组织形式成为理论和政策研究中重点关注的问题，在企业与农户间不同组织形式选择过程中，有两个突出问题需要回答：一是影响企业与农户间最优组织形式选择的因素是什么？二是在坚持农民主体地位前提下，企业与农户间不同组织形式会对农民福利产生怎样的影响，政府应从哪些方面保护农民利益不受损害？

　　本书将从转换成本角度回答上述两个问题。转换成本是指从一个供应商转向另一个供应商时遇到的一次性成本（Porter，1980），农户和企业都是经营主体，所以可将转换成本引申为从一个交易者转向另一个交易者时所发生的成本，农户和企业都会有转换成本。转换成本高低会影响讨价还价能力，转换成本高的一方会给转换成本低的一方一个足够高的价格，防止其转向其他交易者（Oya，2012），强制交易会对转换成本低的一方造成损害。本书从转换成本的视角，比较现货市场、合约、联合所有权、纵向一体化四种模式产生的条件，以及农民福利的变化，对一些现实问题给出新的理论解释，包括农户违约率高、土地流转不畅、企业"压价"与"溢价"收购并存、农民合作社稳定性等问题。

　　订单农业是农业组织中的一种重要形式，曾被赋予很高的期望，希望通过它能够解决农产品价格波动问题，维护农户利益，促进农民增收。地方政府也积极推动企业与农户"联姻"，希望企业和农户能够实现利益"双赢"。然而，现实并没有朝着预期的方向发展。农户违约率高、企业拖欠农户货款等现象层出不穷。农业合约的产生和履行都遵循着一定的规律，我们需要探求这个规律，重新思考订单农业的有效性，追溯订单农业产生的原因，探究企业与农户交易的本质特征，这有利于解释农业合约履约率问题。

　　纵向一体化在交易费用理论中被认为是合约的进一步演进形式，是为了解决"套牢"问题而产生的，是在机会主义行为下，降低当前交易费用的一种模式。机会主义行为产生的根源在于资产专用性投资，投资方会遭到另一方的"套牢"行为，由此产生了高额的谈判费用，纵向一体化通过整合资产所有权，取代独立主体的市场交易，降低了交易费用。但是，现实中很难发现水稻种植农户对企业实施机会主义行为的例子，机会主义行为发生的条件是"少数人交易"，用这一理论来解释我国农业纵向一体化是否合适？如果说企业实施纵向一体化是为了解决农户的机会主义行为，那么农户的机会主义行为体现在哪些方面？据调研发现，企业与水稻种植农户的交易费用并不高，低于农户与粮库的交易费用，农户也很少有实施机会主义行为的动机，用当前交费用大小解释水稻纵向一体化的存在，有不足的地方。需要更贴切的理论来解释水稻市场中的纵向一体化现象。

　　联合所有权被认为是一种特殊形式的分成合约，成员共同分享利润，共同参与管理。其中典型形式之一是合作社。合作社在我国发展迅速，以工商登记注册的合作社为准，截至2015年4月底，农民专业合作社有137.3万户。然而，关于合作社数量的激增也遭受到了一定的质疑，合作社发生了"异化"，合作社内部治理由民主控制向大股东控制转化，合作文化由互助走向互惠（苑鹏，2013）。虽然理论界指出了"虚假合作社""挂牌合作社"的存在，却没有指出产生这种现象的深层原因。仅以谋取政府"补贴"或"红利"来解释虚假合作社的产生是不合适的，因为这种解释没有从正面回答真正的联合所有权为什么不能在企业与农户之间形成。

除了交易费用理论之外，也有一些学者用市场结构理论分析产业组织形式，认为粮食市场接近完全竞争市场，交易价格遵循"一价原理"，市场是最佳组织形式，合约等其他形式不会产生。然而，现实中确实存在着反例，例如，水稻市场中就出现了农业合约，且与"一价原理"不同，小范围内粮食市场价格差异也存在。也有学者认为，买方垄断或卖方垄断市场下，合约、纵向一体化是保障货源的一种方式，在给出的实证分析中以市场集中度判断市场结构类型，我国农村现状是分散小农占主体，多数企业规模不大，这种背景下，以市场集中度分析市场结构类型有失偏颇。市场行为的"细胞"是一次又一次的交易，市场结构不能直观地反映每次的交易特征。

综上所述，我国粮食市场中不同组织形式的产生有着未被揭示的规律，用交易费用理论解释粮食市场中的组织形式有失偏颇。调研中发现几个现象值得思考：

一是米业公司与农户签约，且溢价收购，表明水稻市场不仅出现了合约，还出现了价格离散。合约多由米业公司发起，小贩、收购站几乎不与农户签约。米业公司签约的农户并非是非常远距离的农户，而是公司附近或稍远距离的农户，这说明米业公司与当前农户间的交易费用并不高，"合约是为了降低当前交易费用"的结论不适合解释此现象。

二是采购量大、经营特殊品种水稻的企业更倾向于流转土地，且土地多为公司附近农户的土地。小贩、收购站等中间商以及采购量较小的米业公司很少流转土地。在土地流转过程中，多需要政府参与，或给予土地流转补贴，否则土地很难流转成功。转出土地的农户对米业公司的资产状况、经营状况并不十分关心，也很少有对米业公司"套牢"的动机，用机会主义行为来解释米业公司与农户之间的纵向一体化行为不是十分恰当。

三是水稻种植户可选择的交易对象有小贩、收购站点、粮库（中储粮）、米业公司等，单个农户很少将水稻卖给粮库（中储粮），小贩、收购站点与粮库（中储粮）多有长期合作关系，他们的目的是赚取差价，由于有最低收购价格的支撑，主动上门收购的小贩很多，且对水稻没有过高要求（有水分、杂质要求，没有出米率要求），农户也不愁卖。米业公司收购的目的是将水稻作为原材料，他们既要在市场上与小贩、收购站点抢粮食，还对水稻有更高的要求（除了对水分、杂质有要求外，还对出米率有要求），并且，米业公司投入了加工设备、仓储设施等，如果没有原粮，设备将会产生空置费用。对于农户来说，水稻卖给谁都一样，但对于米业公司来说，每吨公里的运费在 1.3 元左右，收购距离越远，成本越高。米业公司试图用合约和土地流转来规避远距离收购费用以及设备闲置费用。因此，米业公司牵头实施合约和纵向一体化的形式，并不是因为当前交易费用很高，也不是因为机会主义行为在作祟，而是要规避可能发生的损失。有的米业公司流转土地后，实施了现代化项目，但农户并不一定能分享其中的收益。

四是我国企业领办的合作社，多由企业发起，此类合作社既是同类农户的横向联合，又是上游农户与下游企业的纵向联合。但多数合作社并不完全符合合作社的定义，企业和农户并没有共同出资、共同管理、共享剩余。很多人质疑合作社的真实性，我们认为应该解释这种现象产生的原因是什么。

以上几个现象引发了我们对原有理论的反思，不同组织形式的产生是为了降低当前交易费用，还是为了规避改变交易对象发生的转换成本？同质商品市场上为什么会出现溢价和价格离散现象？企业溢价收购农户的水稻可以使农户获益，如果企业实施了纵向一体化，农户如何分享收益？企业和农户的联合所有权为什么不能切实存在？

为回答这些疑问，本书试图从转换成本角度来解释不同组织形式的产生条件及稳定性，重点关注以下理论和现实问题：（1）为什么粮食市场中仍能产生合约；（2）企业纵向一体化产生的条件是什么；（3）企业与农户的联合所有权为什么不稳定；（4）企业通过纵向一体化实施产业升级的过程中，农户是否能获益。

1.2　研究的目的与意义

1.2.1　研究的目的

本书主要研究目的是从转换成本的视角，解释粮食市场中不同组织形式产生的原因。为了实现这个研究目的，需要分三个步骤进行：首先，分析市场与农业合约的差异，研究转换成本对农业合约产生的影响，揭示粮食市场中合约产生的原因；其次，从企业和农户的双重视角，研究纵向一体化产生的条件，分析纵向一体化与市场、合约之间的关系；最后，分析联合所有权产生的基础，比较联合所有权、合约、纵向一体化的产生条件。

其中，我们的研究将回答以下问题：

一是，转换成本如何影响交易行为。我们的研究将重点集中在交易关系上，关注交易对象的选择以及由此产生的组织形式。转换交易对象会产生替代交易费用，也会导致买方价值和卖方成本发生变化，这些费用和变化我们用转换成本来衡量。摒弃以往用市场结构判断两个交易对象关系的做法，直接用企业与农户的交易数据来分析企业与农户的交易行为。这样做可以更直接、更清晰地反映两个交易主体之间的关系，以及他们选择彼此作为交易对象的原因。

二是，转换成本、成交价格与农业合约之间的关系是怎样的。我们没有完全按照交易费用理论的逻辑分析农业合约产生的原因。因为机会主义行为不符合我国粮食市场现状。转换成本高的一方更依赖于当前的交易对象，转换成本低的一方对当前交易对象的依赖度较小。转换成本由此影响讨价还价能力，农户最关心的是价格，所以我们从转换成本、成交价格与农业合约三者之间的关系角度分析农业合约的产生机制。

三是，转换成本下，纵向一体化产生的条件是什么，到底哪一方更有纵向一体化的激励呢？转换成本高的一方，会用溢价来保障交易关系，避免转换成本。但是，当转换成本很高，溢价的成本也很高时，转换成本较高的一方可能会通过纵向一体化来消除转换成本和溢价成本。但是，我们必须回答转换成本低的一方为什么会舍弃溢价带来的好处，接受纵向一体化。

　　四是，转换成本对联合所有权产生有何影响。联合所有权是一种非常特殊的所有权形式。它能在企业与农户之间出现，属于纵向联合，更为特殊。联合所有权的产生是稳定的吗？它的出现到底是为了解决什么问题？是否像理论界所期望的那样，对农户生产有着重要的影响呢？这些问题我们都将进行回答。

　　五是，为什么说企业领办合作社是外力干预的结果。企业领办合作社，从理论上讲，是企业和农户组建联合所有权，共同管理，共同分享利润，这是可能的吗？很多学者从政府红利角度分析了企业领办合作社的原因，但是为什么企业领办合作社不稳定，必须要有外力干预？这个问题还没有得到很好的回答。

1.2.2　研究的意义

1. 理论意义

　　转换成本是转换交易对象过程中所发生的成本，该概念更着眼于特定交易关系，以转换成本解释组织形式，可弥补以往理论对交易关系分析的不足。交易费用理论关注的是当前交易费用的节约，特别是机会主义行为引发的"套牢"、谈判费用等，产权理论关注的是机会主义行为导致的事前投资不足，不同组织形式是为了解决这些问题而产生的，即节省交易费用、激励事前投资。交易费用理论和产权理论的核心是机会主义行为，该行为在粮食市场中很少出现。所以，用"资产专用性——机会主义行为——组织形式"这个分析路径来研究粮食市场中的组织形式，显得有些乏力。

　　企业与粮食种植户之间无论是否存在机会主义行为，只要交易就一定存在交易关系。无论是一次交易还是重复交易，无论是市场交易还是合约交易，都会有转换成本存在。转换成本大小影响着企业和农户对组织形式的选择。这是不能忽略的影响因素。企业和农户选择不同组织形式的原因不仅是为了降低当前交易费用，更重要的是为了规避改变交易对象可能发生的转换成本。所以，本书从转换成本视角思考企业与农户之间的交易关系，能够从理论上更直接地解释企业和农户的交易行为以及组织形式的选择。

2. 现实意义

龙头企业如何才能带动农民增收，是个重要的现实课题。粮食市场中订单农业履约率低，企业与农户之间的合作关系不明显，政府"拉郎配"政策收效甚微，有的企业流转土地发展了新项目，但并没有直接惠及农户，这些问题的存在原因之一是对企业与农户间的关系认识不够深刻、准确。本书探究企业与农户的交易关系，从客观约束条件入手，分析不同组织形式产生的原因，包括不同组织形式对企业和农户福利的影响。此研究有利于解决三个现实问题：一是为企业和农户建立有效的、可持续的组织形式；二是在推进土地流转、规模经营的同时，充分保障农户的利益；三是打破企业投资困境，引导企业资本投资于有利于农户的项目。

1.3　概 念 界 定

1.3.1　转换成本

波特（Porter，1980）提出了"转换成本"（switching cost）的概念，转换成本是买方从原供应商处采购产品转换到另一供应商那里时所遇到的一次性成本。波特认为转换成本包括雇员重新培训成本、新的辅助设备成本、检测考核新资源所需的时间及成本，由于依赖供应方工程支持而产生的对技术帮助的需要、产品重新设计，甚至包括终端老关系需付出的心理代价。同时，他也指出在获得可选择报价、谈判或执行交易等方面面临特殊困难的客户具有的固有实力较小，他们寻找新的卖主或新的品牌所需代价大，所以只能维持现有卖主，波特举了偏远地区客户更换卖主难的例子。

威茨泽克（Weizsacker，1984）提出了"替代成本"（cost of substitution）的概念，替代成本是指从一个产品转向替代品的成本，他指出替代成本与机会主义问题相联系，经常被认为是纵向一体化的一个原因。克伦姆佩勒（Klemperer，1987）认为在许多市场上消费者从一个产品转向替代品时面临着大额的转换成本。将转换成本分为三类：交易费用（transaction costs）、学习成本（learning cost）和人工或合约成本（artificial or contractual costs）。尼尔森（Nilssen，1992）正式地区分了两种消费者转换成本：交易费用和学习费用。两者有显著差异，每次转换供给者都会发生交易费用，然而，只有转向全新的供给者时才会发生学习费用。

根据克伦姆佩勒（1987）和尼尔森（1992）对转换成本的分类，本书将转换成本分为替代交易费用和关系专用性成本两个维度。替代交易费用反映转换交易对象过程中实际发生的费用，关系专用性成本反映转换交易对象后买方资产价值和交易价值的折损，以及卖方成本的增加。

1.3.2　产业组织

产业组织（Industrial Organization）是指同一产业内企业间的组织或者市场关系，这种市场关系主要包括交易关系、行为关系、资源占用关系和利益关系（苏东水，2000）。本书的研究对象是农业企业与农户之间的交易关系及其组织形式。交易费用经济学认为，经济组织的问题其实就是一个为了达到某种特定目标而如何签订合同的问题（Williamson，2002）。交易费用经济学用"治理模式"（Governance Structure）来描述企业间的组织或市场关系，治理模式是指规定买卖双方产权安排、资源使用权利等要素的交易关系集合。产业组织形式是一个连续的谱系，较有代表性的四种形式是：现货市场、合约、联合所有权、纵向一体化。产业组织的基本要素是交易关系，而交易关系的基本主要属性是资产专用性。交易费用经济学指出，之所以会出现各种各样的产业组织形式，主要原因在于交易具有各种不同的属性。如果把各种治理模式和各种交易属性一一加以比较，就可以找出符合效率标准的答案来（Williamson，2002）。

威廉姆森（Williamson，2002）描述了资产专用性与组织形式之间的关系，如图 1.1 所示。M 代表现货市场，H 代表等级制度，X 代表中间组织形式，k 代表资产专用性。随着资产专用性程度的提高，最优组织形式从现货市场向等级制转变。

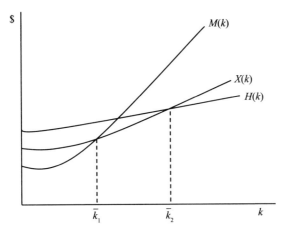

图 1.1　资产专用性与组织形式

资料来源：Oliver E. Williamson. The Theory of the Firm as Governance Structure：From Choice to Contract [J]. Journal of Economic Perspectives，2002，16（3）：171－195，181.

如图 1.2 所示，不同的签约方式适合不同的组织形式，市场适用于非专用交易，包括偶然的合约与经常性的合约；三方治理适用于混合式的偶然交易和高度专用式的偶然交易，维持合约关系是重要的；双方治理适用于生产中人力资产和实物资产专用化程度较高的交易；统一治理适用于资产高度专用性的交易，特别是人力资产和物质资产的用途单一的交易。他指出，随着资产专用性程度不断加强，市场签约就让位于双边约定，而后者又被统一的合约（内部组织）所取代（Williamson，2002）。

		投资特点		
		非专用	混合	独特
交易 频率	偶然	市场治理 （古典式签约方法）	三方治理（新古典式签约方法)	
	经常		双方治理	统一治理
			（关联式签约方法）	

图 1.2　有效的治理

资料来源：［美］奥利弗·E. 威廉姆森. 资本主义经济制度［M］. 段毅才，王伟译. 北京：商务印书馆，2002.

1.3.3　合约

合约的概念在不断地演化，根据使用环境不同，"合约"有狭义和广义之分。狭义的"合约"指的是当事人根据平等原则签订的用于规范双方权利义务关系的协议，该定义也更接近于法律意义上的"合约"。广义的"合约"指的是所有市场交易关系。本书所指的合约是狭义的合约，是组织形式的一种。新制度经济学起初将合约视为一种交易契约选择模式，与市场、纵向一体化并列。科斯（Coase，1937）将企业对市场的替代看作是一个合约对一串合约的替代，而张五常（2002）则认为这是一种合约对另一种合约的替代。合约的含义逐渐从狭义走向了广义，合约本身包含了组织形式、治理模式等内容。威廉姆森（2002）在分析垄断合约与效率合约时，就认为合约包括经济组织这种非市场形式的合约。

《契约经济学》指出，现代经济学中的契约概念包括了所有的市场交易关系。张五常（2002）就提出"组织安排的选择实际上就是合约安排的选择"。"合约"逐渐等同了所有交易关系，"合约选择"或"合约安排"与"治理模式"相互替代使用，导致"合约"概念模糊不清，"合约"有时包括了市场、合约和纵向一体化，有时又是分离的，例如，克雷恩、克劳福德和阿尔奇安（Klein，Crawford and Alchian，1978）就将合约与纵向一体化视为两种替代形式。本书将合约与市场、纵向一体化、联合所有权视为并列的四种主要组织形式。

1.3.4　农业合约

弗鲁博顿和芮切特（2012）在《新制度经济学——一个交易费用分析范式》中阐述了四种不同的双边合约，即销售合约（sales contract）、出租合约（lease contract）、雇佣合约（employment contract）及借贷合约（loan contract）。本书研究的农业合约为销售合约，农户按要求将产品出售给企业，产品所有权也从农户转移到企业，企业按要求支付产品价格。

农业合约与订单农业相联系，农业合约是合约在农业产业中的一般性表述，订单农业是合约在农业产业应用中具体模式的描述。订单农业是指农户与企业之间的一种合约安排，无论是口头的还是书面的，都是用来规定农产品生产或销售的一个或多个事项（Roy，1972）。在订单农业下，企业可从价格风险降低和供给保障中获益，农户也可获得收入保障和技术支持（Rehber，1998）。但是，订单农业究竟如何使企业和农户受益还不是很清楚（Huh et al.，2013），特别是农业合约产生机制是怎样的，值得深入研究。

订单农业被认为是欠发达国家改善农业绩效的制度创新，也作为促进农村发展的重要举措（Ghee et al.，1992），我国订单农业兴起于20世纪90年代。关于订单农业的理论研究一直持续至今，研究焦点有三个：一是农业合约促进农户增收问题；二是小农参与农业合约问题；三是农业合约履约问题。在这些研究文献中，对合约价格都有不同程度的涉及。

交易费用和价格波动常被用来解释订单农业产生的原因，也被认为是影响合约农户收入的重要因素。小农向商品农业转变中遇到的问题有信息不对称、市场风险和交易费用较高（Grosh，1994），订单农业可降低市场不完全性，降低交易费用，将现代技术和服务引入小农经济，提升生产者的收入，给农村发展带来正的外部性（Grosh，1994；Key and Runsten，1999）。订单农业可提升合约农户收入（Minot，1986），但会加剧农村不平衡，原因是合约农户倾向于种植附加值更高的产品（Little and Watts，1994）。也有学者将农业合约的影响归因于价格，订单农业是否能够促进农户增收是不确定的，主要取决于市场价格的浮动和企业的信誉（Wilson，1986）。

农户种植规模对参与订单农业积极性的影响也是理论研究的热点问题之一。大农户参与订单农业的积极性更高，他们更愿意参与订单农业，合约农户从小农户向大农户转换。然而，也有一些研究结果表明情况恰恰相反，墨西哥土豆加工企业最初愿意与大农户签约，可随着大农户违约情况出现，企业与小农户签约占比较大（Runsten et al.，1996），小农参与订单农业积极性更高（Zhang and Donaldson，2010）。还有一些研究结果表明种植规模与订单农业参与积极程度之间没有直接关系，农地规模、劳动力数量、灌溉设施等，对农户参与订单农业的概率没有显著影响（Miyata et al.，2009）。农业合约中大农户、小农户的比重与违约率息息相关。农户根据合约收益选择是否参与合约，企业会根据履约情况选择合作对象。

各国农业合约违约现象很普遍（Little and Watts，1994），我国订单农业中农户违约现象也很突出（刘凤芹，2003）。市场结构与市场势力常被用来解释农业合约履约率问题。印度订单农业违约率高原因在于企业与农户之间不均衡的市场势力对比（Singh，2002）。实行"保底收购、随行就市"的订单履约率要明显高于其他价格条款的订单履约率（郭红东，2006）。

1.3.5　纵向一体化

纵向一体化（vertical integration）与纵向协作（vertical coordination）是既有联系又有区别的两个概念。米格尔和琼斯（Mighell and Jones，1963）认为纵向一体化是纵向协调方式的一种，与市场价格机制相并列。纵向协作包括纵向一体化，纵向协作是指上下游企业相互协调、控制的模式，不仅包括所有权控制，也包括其他方式的控制，合约方式也属于纵向协作的一种。纵向一体化概念界定的切入点有两个：一个是资产所有权，一个是行政控制权。邓巴（Dunbar，1958）指出纵向一体化是从农户到最终消费者整个农业生产过程中的协调机制和控制机制的选择模式。该定义的出发点是行政控制权。格罗斯曼和哈特（Grossman and Hart，1986）认为企业是由它所拥有或控制的资产构成的，根据他们对企业的定义，纵向一体化是指上下游不同企业的资产所有权归属于某一个企业所有，基尔默（Kilmer，1986）认为纵向一体化是指上下游企业之间所有权的改变，这个定义体现了资产所有权的观点。我们采用的是资产所有权的观点。水稻种植户与企业之间的纵向一体化体现在前向与后向两个方面，我们主要研究的是企业后向一体化过程，即企业承包农户土地种植水稻。

1.3.6　联合所有权

联合所有权是组织形式中的一种，企业和农户的联合属于纵向联合。联合所有权是物质资本所有者与人力资本所有者之间通过讨价还价谈判后，对企业所有权的共同分享，承认彼此都拥有企业的剩余控制权和剩余索取权（史晋川、傅绍文，2004）。这个概念是从物质所有权和人力资本所有权角度来界定的，在本书中，联合所有权是指企业和农户共同占有资产所有权，共同拥有剩余控制权和剩余索取权的组织形式。

在市场和纵向一体化之间，分布着许多种组织形式（Webster，1992），联合所有权就是其中一种，它既不像纵向一体化那样，所有产权归属买方或卖方中一方所有；又不像市场那样，所有权归买方和卖方单独所有，而是买方和卖方共同所有。联合所有权人共担风险、共享收益（Webster，1992）。

1.4　研究方法和技术路线

1.4.1　研究方法

我们要研究的是企业与农户的交易关系，从转换成本视角分析组织形式的选择。并且，运用企业和农户的交易数据来验证理论结果。基于此，我们主要采用了数理分析法、调查研究法、计量分析法和案例分析法。

1. 数理分析法

组织形式研究中，数理分析是个薄弱环节。理论分析多采用文字描述形式。我们采用数理模型方法，得出企业与农户签订合约的可能性，成交价格的履约区间，并分析转换成本对企业和农户讨价还价能力的影响。将转换成本变量放在新古典经济学模型中，得出不同组织形式下的产量、价格、利润关系。通过严密的数理分析，可从理论上解释不同组织形式产生的原因。

2. 调查研究法

实际上，在进行数理分析前，我们先进行了调查研究，有现实素材作为支撑，有现实问题作为研究目标，才能正确设置变量，妥善处理变量之间的关系。我们以交易关系为调查对象，收集企业与农户的交易数据。并非像已有研究那样，收集了企业的数据和农户的数据，但实质上，企业和农户的数据是独立的。调查对象既包括企业，也包括农户，问题围绕着企业与农户发生的交易行为展开。

3. 计量分析法

数理模型作出了理论上的推论，需要计量模型来检验理论假说。根据研究问题的不同，采用了结构方程模型（SEM）、二元 logit 模型和多元 logit 模型。所用数据基于企业和农户双方的交易数据。

4. 案例分析法

数据分析受到样本的局限，且现实转化成数据以后，会丢掉一些细节。此时，文字描述必不可少。运用典型案例作为实证分析的支撑，更鲜活地说明本书的观点。该案例将包括企业与农户的交易关系，纵向一体化、合作社的产生与发展等内容。

1.4.2　研究技术路线

本书的研究技术路线如图 1.3 所示。

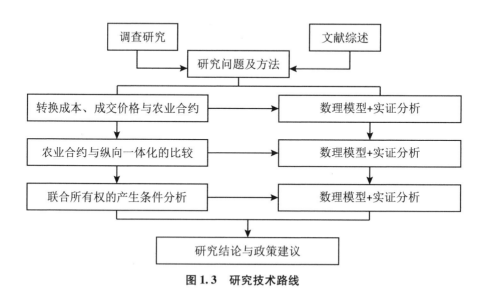

图 1.3　研究技术路线

1.5　内容结构

本书共分为七章，具体结构安排如下：

第1章，导论。介绍问题提出的过程，阐述本书选题研究目的及意义。简要介绍本书将采用的研究方法，概括本书的研究技术路线及内容结构，指出本书的创新之处。

第2章，理论回顾与文献述评。对一般合约理论、农业合约理论、纵向一体化以及联合所有权理论等做了理论回顾，并对相关文献进行梳理、归类和评述。找到已有理论的弱点，在解释我国农业组织形式上，需要有理论突破。

第3章，分析框架。阐述了本书选择转换成本这个"新视角"来研究组织形式这个"老问题"的原因，构建了企业和农户转换成本下供需均衡模型，为后面的分析做了理论铺垫。

第4章，转换成本、成交价格与农业合约关系分析。以水稻市场为例，先运用数理模型对转成本、成交价格与农业合约之间的关系做了理论分析，而后，运用企业与农户的交易数据做了实证检验。

第5章，转换成本视角下纵向一体化与合约的比较分析。针对纵向一体化是否是农业合约的高级形式这个问题，首先运用数理模型对纵向一体化、合约下的产量、利润等经济变量进行了比较，得出纵向一体化优于合约的条件，然后运用计量模型对理论结论进行了实证检验。

第6章，转换成本视角下联合所有权产生条件分析。本章分析了联合所有权的产生条件，分别比较联合所有权与市场、合约和纵向一体化。同时，考察了联合所有权对农户生产行为的影响，进一步验证数理模型的结论。

第7章，案例分析：米业公司与农户的不同组织形式。以安徽永江米业公司与农户的交易行为为例，对企业与农户之间的组织形式进行了分析，弥补了数理模型、计量模型偏于数据抽象的不足，用较为真实案例验证了本书的假说。

第8章，研究结论与政策建议。本章对全书的研究结论做了概括，提出了针对性的政策建议，并对未来研究方向做了说明。

1.6 创新之处

本书创新之处有四个方面：

第一，视角创新。以往研究组织形式的理论基础是交易费用理论，从当前交易费用大小来解释组织形式的选择。本书以转换成本为研究视角，比较了不同组织形式的产生条件。转换成本这个视角关注的不是当前交易费用大小，而是交易者替代交易费用及关系专用性成本的大小。企业在推行新技术、新品种的过程中，与种植农户间的交易费用不高，但是转换成本非常高，这就决定了企业与农户会采取相应组织形式规避可能发生的转换成本。从转换成本这个"新视角"来研究组织形式这个"老问题"是本书的视角创新。

第二，理论创新。本书将转换成本变量融入新制度经济学模型和新古典经济学模型中，分析了不同组织形式下产量、价格、利润等变量的差异，研究了转换成本对企业和农户双方福利的影响，以及组织形式产生机制。发现即使当前交易费用大小相同，在交易者转换成本不同的情况下，组织形式也会有所不同，随着转换成本的增加，组织形式不一定呈现"市场——合约——纵向一体化"的演变轨迹，这是对交易费用理论的拓展。另外，研究还发现即使产品同质，在存在转换成本的情况下，仍可能发生价格离散现象。

第三，观点创新。企业和农户的讨价还价能力是转换成本的函数，自身转换成本越高，讨价还价能力越弱，自身转换成本越低，讨价还价能力越强；在转换成本的影响下，纵向一体化不一定优于合约，它并非是组织形式的最高级形式，纵向一体化的产生条件是企业与农户的转换成本差额需在一定的范围内，否则纵向一体化会对转换成本较低的一方造成损害；对于企业转换成本高、农户转换成本低的项目，政府应给予积极扶持，打破优质农产品投资不足的困境；政府应重视以粮食种植为主要收入来源的农户，因为粮食种植户的转换成本较低，土地流转措施不当会损害他们的利益。

第四，方法创新。本书采用了企业与农户的交易数据为实证研究样本数据，而不是单纯的农户数据，或单纯的企业数据，或不相关的企业与农户数据。这就使本书的实证分析更贴近现实交易行为。

1.7　本研究的不足

由于无现成数据可用，本书的研究数据由笔者组织调研所得，虽已尽全力，但人力、物力皆有限，因此仍存在一些不足，以及有待改善的地方，表现在：

（1）本书实证分析采用的是 96 家企业与 1285 个水稻种植农户的交易数据，平均每个企业对应约 13 个农户样本。从总的样本数据来看，样品量很大，但是从每个企业对应的农户数来看，样本量并不很大。

（2）转换成本的测算是极其复杂的，本书或采用代理变量，或对转换成本进行排序，它们都属于间接测量方式，未来研究将对转换成本的测量更加直接、深入。

（3）本书以安徽省为例，虽然安徽省是水稻种植大省，但仍有样本选择局限。希望以后做跨省域的研究，来弥补本研究的不足。

第 2 章　理论回顾与文献述评

2.1　一般合约理论

合约理论对不同组织安排给予了较为深入的解释，应用较为普遍的合约理论主要有委托代理理论、交易费用理论、不完全合约理论和产权理论，这些理论成果也为本研究提供了重要的参考。

2.1.1　委托代理理论

詹森和麦克林（Jensen and Meckling，1976）在《企业理论：管理者行为、代理成本和所有权结构》中将委托代理关系界定为一种合约关系，在这种合约关系下一个或多个行为主体（委托人）令另一个行为主体（代理人）根据委托人的利益提供服务，委托人可授权代理人一些决策权。在委托人与代理人各自追求自身效用最大化过程中，代理人不会总是根据委托人利益行事。这就促使委托人建立针对代理人的激励机制，并引发了监督成本和粘合成本。同时，偏离还会使总福利减少，产生剩余损失。因此，代理成本包括监督成本（monitoring cost）、粘合成本（bonding cost）和剩余损失（residual loss）。这些观点成为后来委托代理理论的逻辑起点。随着信息经济学的发展，委托代理问题产生的根源被归结为委托人与代理人的信息不对称。由此导致的委托代理问题分为三类：事前信息不对称导致的代理人在签约时利用私人信息进行"逆向选择"；合约执行过程中代理人隐藏不被委托人所知的私人信息谋利，即"隐藏信息";代理人事后行动结果与不能观察到的随机变量混淆,委托人无法从结果中观察到代理人的绩效,代理人据此谋利,即事后"隐藏行为"问题。隐藏信息和隐藏行为统称为道德风险。因此,委托代理问题可分为事前信息不对称导致的逆向选择问题以及事后信息不对称导致的道德风险问题。针对逆向选择问题,合约理论提出委托人可以提出一个合约菜单供代理人选择,在约束条件下,代理人的选择结果可以显示出代理人的类型,也因此提升了委托人的福利水平,实现了分离均衡。针对道德风险问题,合约理论认为委托人提出的合约要实现激励相容,即代理人在实现委托人效用最大化的同时,也实现自身效用最大化。

2.1.2　交易费用理论

科斯于 1937 年将交易费用引入经济分析,他比较了市场价格机制与企业权威机制的不同功效。价格机制下组织生产的明显成本是发现相对价格的成本,包括交易的谈判成本和签约成本。由企业权威机制来支配资源,能节约某些市场交易费用,实现了一系列契约被一个契约所替代,企业被正式视为一种契约关系。科斯还从节省交易费用和规避风险的角度分析了长期契约对短期契约的替代。他认为一个长期契约替代若干个短期契约可以节省部分交易费用,由于人们注重避免风险,所以他们宁愿签订长期契约而不是短期契约。企业或许就是在期限很短的契约不令人满意的情形下出现的。同时,科斯指出了长期合约只能就一般条款进行规定,具体细节留待以后解决,这为后来的不完全契约理论提供了思想之源。

克雷恩、克劳福德和阿尔奇安在 1978 年发表了《纵向一体化、可剥削性租金和竞争性合约订立过程》一文,他们根据科斯的分析框架,探讨了在发生专用性投资之后,存在可剥削的准租金时,如何解决事后机会主义行为问题。结论是,当资产专用性越强、产生了更多的可剥削性准租金时,机会主义行为的可能收益增加,此时,合约订立成本比纵向一体化的成本上升得更多,在其他条件相同的情况下,纵向一体化优于长期合约。他们将长期合约和纵向一体化看作是两种替代形式,利用资产专用性、可剥削准租金和机会主义行为三个关键变量解释了从合约向产权一体化的过渡。并提出了可供实证检验的假说:

所涉及资产的可剥削性专用准租金越小，合约关系越优于共同所有权或联合所有权。相反，可剥削性专用准租金越高，共同所有权或联合所有权越优于合约关系。他们还认为，当某一资产的大部分准租金严重依赖于另一特定资产时，这两种资产将会为一方所有，这个结论与产权理论的结论类似。

威廉姆森（1985）在《资本主义经济制度》中给予资产专用性较为深入的解释。他认为交易有三个重要的属性：资产专用性、不确定性和交易频率。资产专用性是指为支撑某种具体交易而进行的耐久性投资；一旦最初达成的交易没有到期就提前结束，这种资产改用于最佳其他用途或由其他人使用，那么发生在这种投资上的投机成本要低得多。威廉姆森认为合约形式取决于交易属性。资产专用性决定了从市场到合约，再从合约到纵向一体化的演变。而且，在其他条件不变的情况下，大企业比小企业更容易实行纵向一体化。他认为经济组织的问题实质就是为实现特定目标而如何签约的问题。这个命题规避了科斯（1937）将现实组织形式分为市场和企业两种形式的弊端，在威廉姆森的定义中，组织也是一种合约安排。他细分了签约前交易费用和签约后交易费用。签约前交易费用包括起草费用、谈判费用等；签约后费用包括：（1）不适应成本，指交易偏离最初合约规定的方向时，签约双方不断修正重新适应的成本；（2）讨价还价成本，指针对签约后双方可能出现违约现象而发生的讨价还价成本；（3）启动及运转成本，指建立和运行相应组织形式的成本；（4）保证成本，指履行合约的成本。资产专用性、交易频率和不确定性构成交易的基本特征，资产专用性投资会导致事后机会主义行为。合约是用来解决事后机会主义行为的。该理论假定事前买卖双方都处于完全竞争的市场结构下，事后由于某交易方投入了关系专用投资，导致投资方替代交易费用过高，资产残值过低，因此市场处于对方垄断状态（Klein et al.，1978；Williamson，1985），投入专用性资产一方会运用合约或一体化来规避机会主义行为。随着资产专用性增强，组织形式将逐步从现货市场转向合约，再向纵向一体化转变。

杨小凯（1998）在《经济学原理》中将交易费用分为外生交易费用和内生交易费用两种。外生交易费用是指交易过程中发生的决策前就能看到的实际费用，例如运输费用、储存费用、执行费用等。内生交易费用是指人们争夺交易好处时产生的社会生产力或福利的损失，这些费用是不能在决策前就看到的。科斯（1937）所提出的交易费用指的就是外生交易费用，威廉姆森

（1985）提出的机会主义行为就属于内生交易费用。委托代理理论中的道德风险和逆向选择造成的损失属于内生交易费用。杨小凯（1998）根据外生交易费用得出分工与自给自足的均衡，认为交易费用的存在不是企业产生的原因，各种产品要素的交易效率之间的差别足够大时，企业才会出现，他根据内生交易费用得出最优所有权结构使内生交易费用最低。

2.1.3　不完全合约理论

不完全合约理论假设交易方信息是对称的，在讨价还价能力对等的情况下追求的是总剩余最大。哈特和穆尔（Hart and Moore，2008）在《作为参考点的合约》中回答了"什么是合约？""为什么人们要签订（长期）合约"的问题。合约为交易关系提供了一个参考点，锚定了交易双方应得的权利。理论假定未获得期望结果的一方将感到受到了侵害，以折减绩效作为报复，这将产生一个净损失。如果双方在事后进行谈判，所造成的净损失较大。解决的方法之一是在事前签订一个合约，避免事后的分歧和侵害。他们放松了初始合同是事后交易唯一参考点的假设，提出了"外部参考点"的思想，外部参考价格区间影响了初始合同中认定的各方权利，也影响了没有合约情况下的讨价还价。外部参考价格区间很大会带来折减绩效增加，事前缔约是较好的；外部参考区间很小，事前不缔约是较好的。他们指出模型化外部参考点与初始合同之间的相互影响是个值得研究的课题。

哈特（2009）在《套牢、资产所有权和参考点》一文中，放松了初始合约一定会被执行的假设，针对事后交易无效率问题，而不是不完全契约理论（GHM 模型）下事前投资不足问题，探讨了不确定性下合约自我实施的价格区间。买方价值和卖方成本存在高度不确定性的情况下，某一交易方会偏离合约、套牢另一方，产生抵制合作的无谓损失。合理分配资产所有权和签订挂钩合约（indexing contracts）可以减少套牢的激励。套牢不一定是产生于关系专用投资，而是来源于依赖自然状态的价格区间以及某一方可以自由处理自己的资产。

如图 2.1 所示，时期为 0，买方价值、卖方成本、买方外部收益和买方外部收益都是不确定的，且双方都处于竞争环境下。时期为 1⁻，不确定性逐渐消失，每一方都可以有两个选择，即坚持履行合约和要求重新谈判，后者即为"套牢"。令交易方在套牢与坚持合约之间的收益无差异，可以得出交易方自我实施合约的价格区间 $[P_L, P_H]$。P_L 和 P_H 都是买方价值和卖方成本的单调递增函数。

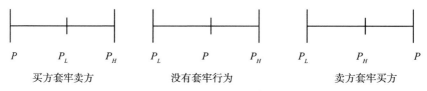

图 2.1　履约价格区间与套牢行为

资料来源：Hart O. Hold-up, Asset Ownership, and Reference Points [J]. The Quarterly Journal of Economics, February, 2009: 267 - 300.

如果买方价值很高，则卖方有套牢买方的激励，当卖方成本很低，买方有套牢卖方的激励。当外部边际收益很大时，价格区间对买方价值和卖方成本就不再敏感。产生效率损失的不是事前投资，而是绩效折减（shading），如果没有绩效折减，就不用签订合约了。哈特利用部分可证实信息提出了第一个推论：当总剩余因价格而变化的时候，挂钩合约优于不挂钩合约。

2.1.4　产权理论

在不完全合约的假定下，GHM 模型证明了产权分配对事前投资的影响。与交易费用理论不同的是，GHM 模型假设所有的决策权事后都是可缔约的。该模型的另一个特点是，一旦自然状态被识别（例如事后），重要变量（例如，产品质量、交易对买方的价值、卖方的生产成本等）变成了可观察的和双方的共同知识。这就确保交易是事后有效率的（即只要买方的价值超过了卖方的成本，交易就会发生）。每一方通过纳什谈判获得交易份额。具有较多决策权的一方在谈判中具有更多的筹码。结论是，在不完全合约下，任何一种所有权结构下，都存在关系专用性投资不足。除此以外，GHM 模型还得出了其他有价值的结论，较为有生产力的一方应拥有全部资产；相互独立的资产应被分别拥有，互补的资产应采用共同所有。

哈特（2009）不再针对事前投资不足进行研究，而是放松了事后谈判总是有效率的假设，研究事后套牢问题。他认为产权之所以重要，原因在于产权决定了当交易不发生的时候，每个交易方可以撤离哪些资产。这就影响了交易方的外部选择和他们套牢的激励。假设买方和卖方的外部收益与资产数量之间呈非递减关系。资产在时期 0 可以进行交易，那么在时期 0 就有三个变量需要决定，即买方资产、卖方资产和价格。同时，资产所有权与其他随机变量一起影响着合约自我实施价格区间。资产所有权对套牢激励到底有什么影响呢？结论是，如果只有买方价值变动，那么买方拥有所有资产是最优的。因为如果买方拥有全部资产，那么外部边际收益也会因资产增加而增加，所以自我实施价格区间不再对买方价值敏感，不管买方价值如何变动。同理，当只有卖方成本变动时，卖方拥有全部资产是最优的。

上述四种合约理论都隐含了市场结构变量（如表 2.1 所示）。委托代理理论假定事前和事后委托人市场和代理人市场都处于完全竞争的市场结构下，只是委托人与代理人之间存在信息不对称。交易费用理论则假定事前买卖双方都处于完全竞争的市场结构下，事后由于交易方投入了关系专用投资，导致投资方寻找替代交易对象的费用过高，资产残值过低，因此市场处于对方垄断状态。交易费用理论提供了一个新的分析框架，即事前和事后市场结构是有差异的。时期 0 处于完全竞争状态，投入关系专用资产后，时期 1 的市场结构与时期 0 的市场结构就截然不同了。两个时期市场结构不同的根本原因在于关系专用投资。不完全合约理论和产权理论沿用了交易费用理论对事前事后市场结构的隐含假设。哈特和穆尔（2008）提出的外部参考点思想实质上与市场结构息息相关。

表 2.1　　　　　　　　　　　合约理论

代表理论	代表人物	直接原因	深层原因	市场结构
委托代理理论	詹森和麦克林（1976）	委托人与代理人之间存在信息不对称	委托人与代理人之间存在利益冲突，合约可以使代理人以最低成本为委托人利益服务，减少"逆向选择"和"道德风险"带来的损失	事前：完全竞争；事后：完全竞争

代表理论	代表人物	直接原因	深层原因	市场结构
交易费用理论	科斯（1937），威廉姆森（1975、1979、1985），克雷恩、克劳福德和阿尔奇安（1978）	合约可以减少事后"套牢"风险，避免交易方在专用性投资中寻求准租	"套牢"产生于信息不对称、有限理性、资产专用性、不确定性	事前：完全竞争；事后：不完全竞争（卖方垄断、买方垄断或双边垄断）
不完全合约理论	哈特和穆尔（2008），哈特（2009）	合约为交易方各自应得的权利提供参考点	合约不完全性、关系专用投资的存在使事后某一交易方感觉受到了侵害，将折减其绩效，锚定权利可以限制分歧、侵害和折减行为带来的损失。在价值、成本的不确定性的情况下，受侵害的一方还可能会套牢另一方，挂钩合约可以产生自我实施效应，避免套牢带来的损失	事前：完全竞争事后：不完全竞争（卖方垄断、买方垄断或双边垄断）
产权理论	格罗斯曼和哈特（1986），哈特和穆尔（1990），哈特（1995、2009）	通过分配资产所有权和正式控制权可以减少事前投资不足；当收益和成本存在不确定性时，合理分配产权可以减少事后套牢带来的损失	初始阶段签订的合约具有不完全性，事后再谈判中需与交易方分享关系专用性投资的收益；当收益和成本波动较大时，交易方会产生套牢动机	事前：完全竞争；事后：不完全竞争（买方垄断，卖方垄断或双边垄断）

2.2　农业合约理论

2.2.1　佃农理论模型

张五常在《佃农理论》中介绍了三种农业合约形式：定额地租合约、分成合约和工资合约。他以地主地租总额最大化为目标函数，以佃农外部收入等于地租收入为约束条件，求得分成合约下地主的均衡条件为每单位耕地面积的地租等于土地的边际产品，这一个条件与定额地租合约下的均衡条件是相同的；佃农的均衡条件是劳动的边际产品等于工资率，这一条件与工资合约的条件是一致的。所以，他得出结论，合约安排决定了要素投入比例，财富最大化的值同时决定了每个佃户租种的土地规模和其他投入量。在交易费用为零的情况下，分成合约和定额地租合约下资源使用效率是相同的。由于交易费用的存在会有三个主要的影响：一是减少交易量，从而影响经济专业化与资源的运用；二是影响资源利用的边际量相等和资源利用的强度；三是会影响合约安排的选择。他认为人们之所以会在相同的私人产权制度下选择不同的农业合约，原因是为了在交易费用约束条件下，从分散风险中获得最大收益。即选择合约的交易费用由分散风险所带来的收益予以补偿，那么人们就会选择该合约，而分成合约恰恰可以分散风险。张五常关于交易费用对资源配置及合约选择的影响的结论对后来学者们的实证研究影响很大。然而，张五常在《佃农理论》中对交易费用并没有模型化，也没有对交易费用进行量化。

2.2.2　OCH 模型

大冢启二郎、中马宏元和速水佑次郎（Otsuka，Chuma and Hayami，1993）对农业合约模型进行了拓展式研究，形成 OHC 模型。他们将生产函数视为耕种者努力程度的函数，引入地主对耕种者的监督方程，对地主和耕种者效用最大化方程求解。耕种者的当期效用是收入与努力程度的函数。耕种者被抓到偷懒的概率是偷懒程度与地主监督时间的函数，偷懒程度很低或地主监督时间很多，那么耕种者被抓到偷懒的概率就会很低。在闲暇是正常商品的假设下，耕种者在未来将会考虑监督方程，在偷懒与努力工作之间权衡。因此耕种者的效用函数是当期效用函数加上未来期望效用的折现函数。地主的净收益等于收入减成本，成本是监督时间的函数，地主获得净收益的约束条件是耕种者耕种获得的效用大于不耕种的保留效用。结论是，只要耕种者是风险规避型的，分成合约就是最优的；只要租赁合约不被禁止，固定工资永久性劳动合约就不会被选择；当租赁合约被排除，无地耕种者作为永久性劳动者的效用将高于做其他工作的效用。永久性工作者的效用高于普通的临时工的效用；永久性劳动契约资源配置效率低于租赁合约或自耕农合约，不仅会导致低产量，还会导致低利润。原因是高额的监督成本和无效的劳动替代；监督成本是永久性劳动生产价值低的主要原因。OCH 模型深化了张五常关于交易费用对合约选择影响的结论，并明确指出监督成本对合约选择的影响。

2.2.3　AL 模型

艾伦和利克（Allen and Lueck，1993）放弃了委托代理合约模型分析框架，他们认为很难指定地主与农户谁是委托方谁是代理方，农户有很多事情也是自主决定的。AL 模型假定地主与农户都是风险中性的，以总福利最大化为目标。农户可以通过以下几种方式"压榨"地主：一是少努力，二是多使用肥料，三是少报产量，四是多报分成投入。所以，该模型考虑到了道德风险和不完全合约问题，加入了测量成本以及农户和地主的投入、产出成本。AL 模型分为三个阶段：第一，在给定投入和产出分成的情况下，考察农户选择投入的激励；第二，探索最优的产品和投入分成比例，使期望合约净价值最大，这实质上是以农户投入选择作为约束条件的总福利最大化问题；第三，对各种合约形式进行比较静态分析，考察参数对总福利的影响。地主投入土地，农户投入人力资本和物质资本，种子、化肥等投入可以由地主和农户共同出资，所有投入选择由农户决定，影响产出的变量包括虫害和天气等随机变量，因此农户的努力程度无法从最终产量上观察到。投入要素相互独立，要素价格由机会成本决定，这就隐含了要素可以自由流动的假设。在合约执行无成本的假设下，投入不依赖于合约规定的投入和产生分成比例的情况下，每个要素的边际产量都应该等于它的边际成本。然而，分成合约下是有测量成本和分成成本的。首先，农户并未获得无限期租约，所以土地综合投入机会成本会有折减；其次，在农户追求自身福利最大化中，农户会减少投入，因为要与地主分享产出；最后，农户会过度使用土地，因为他不自己承担所有的投入。在引入测量成本后，追求总福利最大的模型中，如果测量成本很低时，中间投入要素分成比例可测量，中间投入要素的边际产量等于边际产出，此种情况下，根据分成合约的总福利最大化条件可得出以下结论：中间要素投入没有扭曲，并且农户少投入劳动所带来的产量减少被多使用土地所带来的产量增加抵消。当测量成本很高时，农户则承担所有投入成本，此种情况下，根据分成合约下总福利最大化条件可得出以下结论：当投入不分成时，土地、劳动和中间要素的投入都发生了扭曲，劳动和中间投入少了，而土地投入多了，两者所产生的影响相互抵消。综合两种情况，他们得出了关于纯产出分成合约与投入产出分成合约的结论。第一，纯产出分成合约下农户获得的产出分成比例比投入产出分成合约下获得的产出分成比例高；第二，纯产出分成合约下，农户获得的最优产出分成比例会随着中间投入的增加而增加。OCH 模型分析了交易费用对要素投入的影响。

2.2.4　GOODHUE 模型

古德休（Goodhue，2000）针对肉仔鸡行业加工者控制饲养者投入以及模糊估计饲养者报偿现象进行了研究。他认为饲养者异质性和风险规避性质的重要性通过不同类型的农业生产表现出来，这表明这些因素会影响肉仔鸡或其他产品契约设计的演化。他以隐性合约为研究对象，在风险规避和不确定性的假设下，代理者类型和投入是不可观察的。委托人追求利润最大化，代理人追求效用最大化。产量是投入与努力的函数，代理人效用是收入和努力成本的函数，收入由计件工资和奖金两部分构成。代理人类型可知的情况下，委托人可以根据代理人的类型设计不同的合约，不存在激励相容约束问题，没有甄别努力程度和产出量的信息成本。委托人和代理人面临同样的生产成本。所以，委托人控制投入的能力不影响利润和合约选择，也就是说由委托人还是代理人控制投入是无差异的。代理人类型不可知时，委托人除了生产成本外，还面临着甄别代理人的信息成本。委托人要在代理人类型不可知的情况下，最大化代理人的努力程度和投入。这是多元代理模型（multi-agent model）的特征。投入由委托人控制和投入由代理人控制的区别在于，在委托人为高能代理人支付租金方面，前者低于后者。所以，当代理人类型是不可知的时候，委托人可通过控制投入水平来减少信息租金的支付，从而提高利润水平，而不是由代理人自己控制投入水平。GOODHUE 模型对合约选择给出了另一个解释，即节省信息租金。

2.2.5　PANDEY 模型

潘迪（Pandey，2004）在委托代理模型框架下分析了耕种技术在分成合约激励结构中的影响。他利用单期双任务委托代理模型（single-period two-task principal-agent model），假设代理人有两种投入：努力和资本。产出和资本可被委托人和代理人识别，代理人的努力程度委托人不可识别，委托人可以通过观察噪音资本来判断。委托人的任务是最大化代理人的努力程度和资本，这也是多元代理模型。产出是代理人努力程度和资本投入的函数，在产出和资本都可以分成的情况下，技术变化影响资本份额和规模报酬。当资本份额上升时，代理人产出分成比例下降，资本分成比例上升，所以，当资本份额上升时，代理人对产出报酬的敏感度下降，而对成本分成比例敏感度上升。当规模报酬上升时，代理人对产出报酬的敏感度下降，对成本分成比例敏感度上升。另外，产出中噪音越大，代理人对产出分成比例的敏感度越小，而对固定报酬敏感度增加。

2.2.6　SW 模型

吴（Wu，2006）对政府的合约规制行为提出了质疑。希弗和吴（Schieffer and Wu，2006）提出由于不可描述的自然状态、起草完全合约的成本很高、存在履行障碍等因素，初始合约存在不完全性。然而，事前合约可以界定交易双方拥有的自由裁量权的范围。合约越是不完全，交易方拥有的自由裁量权就越大。因此，合约设计的重要方面就是保证交易方之间自由裁量权合适的平衡，以便限制剥夺。这为合约产生的原因提供了新的思考。他们首先提出了一个关于政府合约规制的重要思想：交易的最优结果可通过先签订简单初始合约，事后再谈判来实现。虽然事前合约存在漏洞，但事后谈判可达到效率，因此，任何试图使初始合约完全的政府规制都只会降低效率。他们沿用了不完全合约的经典假定，产品质量可观察但不可被第三方证实。又假定加工者拥有全部的谈判势力，向种植者提出了附和合约（take-it-or-leave-it），如果高质量产品能成交对双方都是有益的，双方的保留收益都小于交易收益。所以，无效率并不完全出现在不完全合约中。同时，他们也指出在不完全合约下也可以出现最优的选择。随后，他们在重复博弈框架下分析了完全合约与不完全合约的效率影响，结果是，完全合约可以保证种植者提供最低限度质量标准以上的产品，种植者还可获得超过保留收益的超额租金。不完全合约比完全合约更能促使种植者提供高质量的产品，但是合约自我实施关系很难维持。

2.3 纵向一体化理论

新古典经济学认为双重垄断下，任何一方处于完全竞争的环境中，都没有一体化的必要，例如，如果上游企业处于完全竞争环境中，下游可以以边际成本价格买到上游产品；同样，如果下游处于完全竞争环境中，下游以边际成本价格出售商品。所以新古典经济学认为一体化的作用是消除双重垄断。

交易费用经济学认为，一体化的作用是消除讨价还价成本以及降低被"套牢"的概率。双边垄断下讨价还价成本过高，一体化可以节省讨价还价成本，以及双方投资的准租金的占用，即套牢。产权经济学认为，合约会产生"套牢"问题，也会产生侵害和绩效折减，在投资使外部收益增加的假设下，产权归属决定了外部收益的变化。当买方价值波动时，则由买方拥有全部资产，这样可以减少绩效折减问题。现实中，哪方处于完全竞争，哪方就有一体化的激励，当农产品价格波动幅度大时，加工企业有一体化的激励。这应该如何解释?

2.3.1 Salinger 模型

赛林格（Salinger，1988）提出了纵向一体化和市场封锁模型。该模型检验了并购企业数量对上游产品价格的影响，即增加一起纵向并购可能会降低中间产品价格的条件是，实行纵向并购的上游企业数量应少于一半。该模型还表明每增加一起纵向并购都会减少剩余的未一体化下游企业的利润。由于一体化的下游企业比未一体化的下游企业拥有更高的产量和更高的价格—成本边际，因而一体化下游企业比竞争对手有更多的利润。该模型表明纵向并购通常会产生市场封锁效应。该模型假设所有上游企业之间和所有下游企业之间都是同质的，这是个很强的假设。

2.3.2 OSS 模型

奥多弗、萨罗纳和什罗普（Ordover，Saloner and Salop，1990）建立 OSS

模型，考虑了下游产品的差异化问题，运用四期博弈的方法，既分析了非并购企业对并购企业的反应，又分析了并购企业是否对非并购企业实施市场封锁。结论是，先并购的企业会阻止未并购企业进行并购，以保持下游竞争优势，所以先并购的企业不会对为并购企业采取市场封锁；并购比不并购会获得更多的利润。OSS 模型没能回答"什么样的上下游企业之间会进行先行并购"这个问题。

2.3.3　GHM 模型

Salinger 模型和 OSS 模型沿着新古典经济学的思路，运用边际分析方法比较了一体化企业的收益和非一体化企业的收益。然而，这些模型都未考虑一体化的成本、资产性质对一体化的影响，以及一体化后上下游主体的利润分配问题。格罗斯曼和哈特（1986）、哈特和穆尔（1990）对企业和一体化的概念进行了重新界定，认为"一个企业是由它所拥有或控制的那些资产构成的"，一体化体现在对上下游组织资产的拥有和控制上。他们提出一体化也存在成本，即由于所有权的改变会导致个人投资激励的改变。这是交易费用理论在解释一体化问题时没有考虑到的。他们将资产性质、个人行为和联盟合作三个因素结合在一起，从资产性质、个人行为的不可或缺性等角度分析了一体化产生的原因，提出了"可或缺的个人不应拥有资产""不可或缺的人应拥有资产""严格互补的资产应被共同拥有"等观点。

哈特（1995）提出的产权理论认为一体化的收益是并购企业关系专用投资激励增加，一体化的成本是被并购企业的关系专用投资激励减少。该理论有很强的假定，首先它假定了"双边垄断"的市场环境，即每一方替代交易的收益都小于当前交易的收益，忽略了替代交易对产权的影响，加上事后谈判总是有效率的假定，弱化了产权归属与交易双方总剩余大小的相关性。马斯金和梯若尔（Maskin and Tirole，1999）就指出该产权理论是在"双边垄断"下的完全合约理论，他们分析了开放交易下产权归属的作用，认为产权归属决定了交易双方与外部交易的收益，进而决定了交易双方在纳什谈判中的威胁点不同。

2.3.4 BGM 模型

巴克尔、吉本斯和莫菲（Baker，Gibbons and Murphy，2002）在《关系合约与企业理论》中，指出关系合约自我实施的条件是交易双方的关系价值都非常大，以至于没有一方愿意违约。他们运用重复博弈模型，说明了一体化企业内部关系合约与非一体化企业之间关系合约两者的区别，提出了影响纵向一体化的一个新的因素，即是否能够促成较优的关系合约，据此，一体化被看作是服务于交易关系的"工具"。BGM 模型给关系合约设定了一个"奖金"制度，自我实施的合约是指交易方违约的短期收益小于长期合作收益。问题的关键是能否有一种所有权制度使这种自我实施合约得以实现。一体化有两个方面的影响：一方面，一体化时下游企业更有不支付"奖金"的诱惑；另一方面，一体化可以减少上游非专用性投资。"违约诱惑"是 BGM 模型的关键点。

巴克尔、吉本斯和莫菲认为资产所有权决定了货物的处置权，也就决定了谁有违约的诱惑。上游生产的产品至少有两种用途，对于下游企业的价值更大。他们根据治理环境和所有权环境将组织形式分为四种：现货外包、现货雇佣、关系外包、关系雇佣。其中，上游拥有资产就是外包，下游拥有资产就是雇佣。以是否采用关系合约分为"关系"和"现货"。关系雇佣下关系合约自我实施的条件是 $\max b_{ij} - \min b_{ij} \leqslant \dfrac{1}{r}(S^{RE} - \max(S^{SE}, S^{SO}))$，其中，$b_{ij}$ 表示下游企业给予上游企业的"奖金"，r 表示利息率，S^{RE} 表示关系雇佣总剩余，S^{SE} 表示现货雇佣总剩余，S^{SO} 表示现货外包总剩余。关系外包下关系合约自我实施的条件是 $\max[b_{ij} - \dfrac{1}{2}(Q_i + P_j)] - \min[b_{ij} - \dfrac{1}{2}(Q_i + P_j)] \leqslant \dfrac{1}{2}(S^{RO} - \max[S^{SO},$ $S^{RE}])$，其中 Q_i 表示下游企业获得的价值，P_j 产品的其他价值。两个不等式的左边反映了关系合约下违约的诱惑，实质是上游企业能够支付的最高"奖金"与下游企业能够接受的最低"奖金"的差额不能太大，这也表示上下游企业在关系合约下的利益冲突不能太大。他们得出如下结论：在供给价格波动大的时候，纵向一体化是有效的所有权制度；一体化下违约的诱惑增大，薪酬水平会小于市场交易下的薪酬水平；其他变量不变，最优的一体化决策取决于贴现率；边际激励不变的情况下，最优的一体化决策取决于给付水平；以企业的方式提高现货市场的产出是不可能的。

BGM 模型是在上下游企业双边垄断的环境中进行的分析，放开这个假设对关系合约自我实施条件进行研究是值得探索的。这一点与 GHM 模型相同。BGM 模型与 GHM 模型不同的是，GHM 模型中，关系内交易和关系外交易是互补关系，企业某一行为同时决定了关系内交易和关系外交易的收益；BGM 模型中，关系内交易和关系外交易是替代关系，关系内交易和关系外交易由不同的行为向量决定。

聂辉华（2012）在 BGM 模型的基础上，加入转售成本变量，分析了我国农业契约的稳定性，得出的结论是转售成本越高，维持当前关系契约越容易。转售成本与本书研究的转换成本有密切的联系。

2.4　联合所有权理论

2.4.1　竞争标尺理论

诺斯（Nourse，1922）指出，合作社可以弥补市场缺陷，通过标尺可以衡量其他控制市场渠道的企业的绩效，可以促使其他的市场主体更有竞争效率。如果合作社使市场竞争更有效率的价值实现了，则合作社就没有存在的必要了。他反对萨皮罗关于民主控制的形式和控制产品联合的形式。诺斯主张合作社可以通过联合购买和营销获得范围经济，呈现从下到上的结构，而不是更集中的从上到下的形式。用市场发展、服务、效率和竞争等因素来解释农产品价格和农民收入问题。卡基尔和巴拉格塔斯（Cakir and Balagtas，2011）指出，合作社利用市场地位在边际成本之上给农民提升了 9% 的牛奶价格。米尔福德（Milford，2012）对竞争标尺理论进行了实证检验，实证结果支持了竞争标尺理论。

2.4.2　联盟理论

1953 年菲利普斯（Phillips）在《合作组织的经济本质》一文中，提出了较早的合作组织数理模型。在菲利普斯的概念模型中，合作组织不具有决策功能，合作社成员按比例分配收益、成本、风险，成员最大化条件包括两个：合作利润最大化和个体利润最大化。菲利普斯分别分析了合作社作为企业的供应商和企业作为合作社的供应商两种情形。合作组织是企业的供应商时，合作组织最优的条件是：成员的边际成本 = 边际收益。企业的最优条件是：个体边际成本 + 合作组织边际成本 = 个体边际收益。企业是合作组织的供应商时，最优条件是长期平均成本最低，取决于成员数量和成员规模。合作组织最优规模的条件是，当合作社是企业成员的供应商时，长期平均成本最低点对应着合作组织的最优规模；成员企业是合作社的供应商时，长期平均收益与长期平均成本差的最大点（成员数量可以影响合作社产品价格）对应合作组织的最优规模。成员最优稳定性条件是，可预期的利益冲突必须是最小的（成员同质）。

菲利普斯认为合作社的作用在于：（1）减少每个企业的利润波动，即纵向一体化的协调功能；（2）不确定性内化——稳定利润；（3）合作组织有较高的边际生产能力；（4）可预期的经济效率的提升。菲利普斯描绘了成员与合作社之间的纵向合作关系，也描绘了成员按比例分配的雏形，他被认为是"联盟理论"的鼻祖。

2.4.3　HH 模型

1962 年汉姆伯格和霍斯（Helmberger and Hoos）在《合作企业与组织理论》一文中提出了 HH 模型，认为组织理论中的权威和交流的概念对合作社分析很重要。他们提出合作社的目标是原料按成本价提供；企业的目标是投资获得高回报。企业与合作社作为组织的资源配置都是依靠行政命令。合作社是否被管理？如果是，在多大程度上被管理？这些都是值得研究的问题。现有很少文献涉及谁对合作企业实施有效的管理。

HH 模型提出合作社的目标是与成员交易价格最大化。为实现这个目标需要满足两个条件：合作社原材料的价格与边际产量之比相等；合作社产出价格与合作社产出的边际成本相等。除了这个结论外，HH 模型还得出了成员交易价格与成员规模成反比，合作社绩效与成员规模也成反比，于是 HH 模型又得出开放成员制对老成员不利，对潜在成员有利。凯尔提尼斯和扎戈（Karantininis and Zago，2001）也指出开放成员制合作社成员的利润随着成员数量的增加而减少，因此，成员越多，则与投资者所有的企业（IOF）相比优势越不明显。

但是 HH 模型假设每个成员的产出都很小；对合作社的成本或收益都没有影响。按照奥尔森的集体行动理论和边际贡献思想，在该模型假设下，合作是很难实现的。这也是 HH 模型遭到质疑的原因。

2.4.4　乡村社会变迁理论

1988 年罗吉斯在《乡村社会变迁》中提出农民合作社是农民的自愿联合会，可提高效率，减少费用。合作组织日趋复杂，更正式，更制度化，逐步出现合并和联合趋势。合作组织内部也变得复杂、懒散、科层化。合作社数量在减少，规模在扩大。在不发达国家，合作社的大发展时期也将到来。合作社的购买和销售有可能成为农民生产和获取报酬的唯一途径。农民人际关系的相互不信任，很难接受合作社的概念。合作社可以减少危险，让农民获得经济保障，但同时农民会失去一些自己的独立性。罗吉斯认为自给自足不需要合作，成败取决于农民自己的勤奋。外界的冲击力不是哪一个农民单独能控制的。农民开始意识到，农民组织是保护自身利益不受侵犯的必要措施。在农民自给自足的模式被打破的同时，出现了农民组织。

2009 年海伦、兰迪和梅耶尔（Hellin，Lundy and Meijer）进行了实证研究，发现农民组织的作用在投入上效益明显，在带领农民进入市场效益不明显。农民组织对价格没有影响。谷物类的销售组织很少。农业组织的收益来自投入的改进，如种子、化肥、信贷，而不是产出，小农户会给合作组织带来麻烦。

贾甫和赵楠（2012）从降低费用角度分析了合作社的产生原因。他们认为监督成本和协调成本的差异决定了组织成本的差异，组织成本的差异决定了各种农工业经济组织的相对效率结构，因而决定了农业经济组织的周期性演变及其多样化特征。组织会使协调成本下降，但会使监督成本上升。

以上关于产业组织形式的研究成果对本研究十分重要，后续章节中将多次提及、直接引用拓展这些研究成果。"资产专用性 – 机会主义行为 – 组织形式"的理论路径不能完全解释我国农业组织形式的产生过程，也不能直接用来指导我国农业产业化进程，为推动我国农业组织形式创新，需要有更有力的理论解释。

2.5　文献述评

2.5.1　农业合约产生原因分析

1. 降低交易费用

农业合约签约主体是农户与企业，根据交易费用理论，合约的产生是为了节省交易费用。农户与企业的特征存在差异，他们面临的交易费用是不同的。霍布斯（Hobbs，1997）以牛市为例，分析了这些交易费用对营销渠道选择的影响。他认为农户面临的交易费用包括三种：信息费用、谈判费用、监督或执行费用。信息费用包括事前发现价格、识别产品和搜寻交易对象的费用；谈判费用是在执行交易过程中对交易条件进行谈判的费用和正式签约的费用；监督或执行费用是指事后确保交易条款得以履行的费用，包括质量标准、支付方式等。他把垂直协作看作是一个连续的过程，两端分别是现货市场和纵向一体化。

（1）农户的交易费用。

①农户特征导致的交易费用。米诺特（Minot，1986）提出小农生产的局限性是影响农户参与农业合约的主要原因，包括生产资源的获取（投入、服务和信息）以及市场信息获取。第一，小农缺少必要的生产和营销信息，特别是新的农产品或新的品种，获取这样的信息是非常困难的。第二，即使掌握可获得利润项目的充分信息，小农也面临储蓄不足问题，由于缺少抵押物导致资金

来源渠道窄。第三，小农比大农更趋向于风险规避，他们首先考虑的是确保最低的食品保障。

格劳希（Grosh，1994）也提出小农向商品农业转变中遇到的问题有信息不对称、市场风险和交易费用较高，订单农业可降低市场不完全性，降低交易费用，将现代技术和服务引入小农经济，提升生产者的收入，给农村发展产带来正的外部性。在小农经济下，订单农业被认为是唯一可使小农具有竞争力的方式，合约代理人能够提供非合约代理不能提供的服务（Eaton and Shepherd，2001）。

埃斯柯瓦尔和卡韦罗（Escobal and Cavero，2012）对秘鲁曼特罗峡谷 360个马铃薯种植户进行研究，结果表明，农户特征影响农户进入传统产品市场还是新产品市场，新产品市场需要更复杂的耕种技术，农户的组织程度、教育培训水平、生产规模影响都对农户进入新市场构成了约束，传统产品的农业合约使用率为 4.4%，新产品市场农业合约使用率为 50.6%，原因是新产品市场中农户与企业的谈判费用、监督费用、运输费用都比传统市场高。然而，宫田等（Miyata et al.，2009）对我国山东省参与订单农业农户的回归分析表明，农户资产禀赋包括农地规模、劳动力数量、灌溉设施等，对农户参与订单农业的概率没有显著影响。麦克唐纳（MacDonald，2006）则指出美国农业出现两个明显的趋势：一是农户生产规模不断增大，二是农业合约逐渐成为农产品销售的主要形式。2003 年 39% 的美国农产品以合约形式销售。

②生产特征导致的交易费用。农作物的性质和生产技术决定了订单农业的成败。例如，粮食是非易腐的，没有严格的质量要求，收割和价格不需要合约安排；易腐的和大量购买的商品，需要集中生产和细心照料，需要合约安排（Andrews et al.，1994）。

斯温（Swain，2009）指出农业是一个高风险行业，农户更愿意投资产出较为确定的农产品，农户由于存在高风险而不愿意采用现代种植技术和高价值农产品，农业生产力不断下降。印度加入世界贸易组织（WTO）后，农产品价格波动幅度增大，特别是易腐农产品。技术变革和社会、人力因素也影响农业生产的风险。订单农业是降低农户和产业风险的较好方式，农户承担生产风险，企业承担销售风险。瓦萨罗斯等（Vassalos et al.，2013）指出，蔬菜种植户既会面临生产、价格、金融等传统风险，也会面临因产品特征带来的风险，与大宗商品不同，蔬菜面临的特殊风险包括三个方面：第一，蔬菜的易腐性带来了储存困难，农户在收获季节不得不接受低价格；第二，缺少政策扶持和期货市场，农户对现货市场的依赖程度高，现货市场的价格波动较大；第三，蔬菜质量极为重要，如果蔬菜不能满足购买者（包括消费者、零售商和中间商）的质量标准，为避免造成更大的损失农户不得不以较低价格出售。他们根据美国 300 个马铃薯种植户的数据对农户合约选择行为进行了研究，结果发现交易费用对农户参与农业合约有显著正向影响。生产高附加值农产品农户更易倾向于选择农业合约，大宗农产品农户很难采用农业合约，对订单农业的研究多集中在出口导向的高附加值商品上，对大宗产品的订单农业的研究较少。理论界预测订单农业对于低附加值的粮食产品是不可行的，关于粮食产品订单农业的实证研究很少。范德和梅尔滕斯（Vande and Maertens，2014）提供了订单农业在水稻产业的实证证据。使用农户面板数据和倾向得分（propensity score matching methods）分析了订单农业对选中的农户绩效的影响。结果表明订单农业对水稻生产率和收入有正向影响。更高的价格是农户加入合约的主要原因之一。水稻种植合约农户比非合约农户的出售价格高。

　　生产专用投资是农业合约产生的重要因素。辛格（Singh，2005）以泰国订单农业为例，指出农户面临新产品或新技术时，收益不确定的情况下农户缺乏投资的激励，购买者数量较少时，农户可能有被"套牢"的风险，即使该产品或技术对企业具有很高价值。因此，企业与农户或直接签订合约，或通过中间组织间接达成合约，为农户提供种子、中间投入以及资金支持，同时政府也给予农户信贷支持，并协调企业和农户行为，保障合约履行（如图 2.2 所示）。金（Key，2013）对美国生猪市场的实证研究表明，合约可以促进新技术的转移和采用，从而使合约农户比非合约农户生产率更高、经营规模更大。阿鲁姆甘等（Arumugam et al.，2011）根据马来西亚 167 个水果、蔬菜种植户样本数据对参与农业合约的因素进行了实证研究，结果表明土地所有权、土地规模、教育程度和预期收益对农户参与农业合约有显著正向影响。张（Zhang，2012）指出农户资产缺乏，所以违约可能性小，越是贫穷的农民，对公司提供的资本、投入和市场准入越依赖，更易于控制。大农户由于规模经济可从订单农业中获得更多利益，但是目前关于我国订单农业的研究没有表明针对不同规模、不同资源禀赋的农户签订不同的合约。

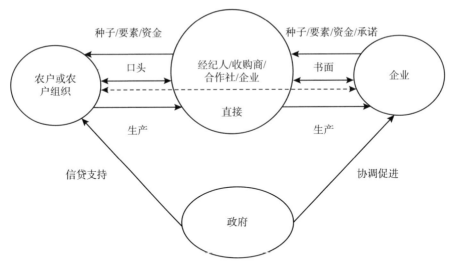

图 2.2　订单农业基本结构

资料来源：Sukhpal Singh. Role of the State in Contract Farming in Thailand：Experience and Lessons ［J］. ASEAN Economic Bulletin，2005，22（2）：217－228.

③市场结构导致的交易费用。杜晓雪、陆良和大卫·西尔伯曼（Xiaoxue Du，Liang Lu and David Zilberman，2013）认为，在确定环境下，卖方垄断情形下投入资本分配与产出需求没有关系；投入与产出资本边际替代率相等时最优，当企业有买方垄断势力时，或者是签约农户投入供给富有弹性时，更多地选择订单农业。然而，塞克斯顿（Sexton，2013）关于农产品市场结构提出了这样的疑问：农业中有市场势力问题吗？传统的产业组织理论认为买方垄断、卖方垄断市场结构会产生市场势力。产品差异和纵向一体化也可以增强买方和卖方之间的"锁定"效应。农户为某个特定的买家进行专用性投资，使该农户很难吸引其他买家。这些事实为大量政策的制定设置了障碍，特别是认为农业是竞争市场的观点，在农产品采购中遇到的麻烦最大。大量的理论在研究市场势力时，发现与竞争价格相比，只发生了很小的偏差。实证经济文献没有表明加工领域的集中度对商品价格产生影响，没有发现市场势力的存在。因此，塞克斯顿（2013）指出，应反思买方垄断/卖方垄断的市场结构分析模式，从专用投资、产品差异化、交易费用等角度入手分析农业市场结构。

（2）企业的交易费用。

目前从农户角度分析农业合约产生原因的文献较多，从企业角度分析农业合约产生原因的文献较少。企业和农户实现"双赢"是农业合约产生的必要条件，企业通过农业合约解决了什么实际难题呢？农业合约可以激励农户的行为和绩效，也可降低企业交易费用（Fraser，2002）。如果农业合约可减少现货市场的某些交易费用，那么企业的交易费用有哪些呢？

①向农户传递信息的费用。企业处于农户的下游，服务零售商或最终消费者。农产品作为企业生产最终产品的中间产品，属于引致需求。企业需要将顾客对最终产品的需求信息传递给农户，特别是要求农户作出生产作业上的改变。金和朗斯坦（Key and Runsten，1999）指出生产信息包括技术信息、时间信息和质量信息，产品市场和要素市场通过价格信号传递需求和供给的信息。但是，价格不能有效地反映复杂和变化的信息。例如，生产中对用水量、作业方式、农药用量等，质量上对花纹、色泽、成分、口味等的要求十分复杂。这些生产细节和质量要求很难通过产品市场和要素市场得到充分反映。企业掌握了最新的生产技术，农户不一定愿意采用，这会增加企业的成本。企业可以通过内化生产来传递生产、质量和技术信息，也可以采用生产管理合约来传递这些信息。

阿鲁姆甘等（2011）指出 20 世纪 90 年代后马来西亚的超市增长迅速，为提高对消费者需求的反应速度，以及增强竞争优势，超市为新鲜农产品制定了较高的质量标准，并争取以更低的价格销售，为了降低交易费用，超市更愿意与大农户合作。企业为降低传递信息的费用，根据自身需要挑选农户，不能惠及所有农户。埃斯柯瓦尔和卡韦罗（2012）指出基础设施落后、市场分割、信息不完全、非竞争市场背景下，仅靠企业就能使农户与市场完美对接是不现实的，需要政府或新一代合作社似的中介组织适当参与。莫里森等（Morrison et al.，2006）认为，订单农业是一种相对灵活的一体化形式，它能够使企业对农产品生产获得更大的控制权，不需获得土地等资源的所有权。

②搜寻费用。合约是企业减少由于交易费用带来的不确定性的机制（Williamson，1975），合约产生的原因是可以避免在现货市场寻找买方的交易费用。企业分布集中，农户分布分散。农户分布越分散，企业搜寻费用越高。同类农户数量越少，企业搜寻费用越高。企业需求量越大，企业保障货源的费用越

高。周立群、曹利群（2002）指出，企业投入的专用性投资越大，企业对农产品的需求量越大，企业与农户之间的商品契约关系越稳定。古玛等（Kumar et al.，2007）指出，订单农业的成功取决于农户、消费者和企业三方利益的协调。农户从稳定的企业承诺价格中受益，企业从质量合格、价格稳定的原材料供给中受益，消费者从优质产品和合理价格中受益（Kumar and Chand，2004）。

法肯姆普斯等（Fafchamps et al.，2006）对1371个农产品经销商进行了分析，这些经销商经营范围包括玉米、大豆、马铃薯等。这些企业平均距离采购市场1.3~1.6公里，距离销售市场0.3~0.5公里，3/4的经销商从两个以上的市场采购。他们发现在农产品经销商的成本中，运输成本占到50%以上的比例。平均每个农产品经销商经营两种商品，与两个供给市场和一个销售市场保持稳定联系。78%的经销商可不通过与农户交流而获得供给市场的价格和信息。至少22%的经销商需要与农户交流来确定价格。多数经销商与其他供给市场联系会比与当前供给市场联系会花费更多的费用，这使经销商更愿意与当前供给市场的农户保持稳定关系。

森格尔等（Saenger et al.，2013）研究发现，发展中国家新兴的高附加值农产品市场中，加工企业寻找有效的方式解决稳定的、质量合格的原材料来源问题，一个被广泛采用的方式就是订单农业，然而关于适当的合约安排知之甚少。以越南牛奶业为例，通过田野实验的方法，验证两种激励措施的效果：对提供低质量牛奶的农户予以惩罚以及对提供高质量牛奶的农户给予奖金。实验结果表明惩罚措施使农户以更高的投入产出更高质量的牛奶。奖金对农户提供优质牛奶的激励效果比惩罚还要好。

③监督费用。米诺特（1986）指出，企业对农户的信息是不完全的，原因是生产监督成本很高，产出影响因素具有随机性。所以企业无法辨别低产量是由于天气、虫灾，还是管理不善或者是种植者的原因。企业需要在两个约束条件下实现利润最大化：一是企业必须给予农户高于其他经营活动的报偿；二是农户需要遵守合约。第一个约束条件说明如果合约能够给农户带来更大的满足，那么农户将接受合约。当该地区只有一家企业时，企业会形成买方垄断，将农户利润维持在刚好高于转向其他生产行为的点。监督费用是一种内生交易费用，产生根源是农户道德风险。委托代理理论研究规避代理人道德风险的激

励相容条件，产权理论研究不同产权安排对代理人激励的影响。监督费用会影响企业与农户的合作，是农业合约的成本。监督费用的存在意味着农业合约与现货市场各有交易费用。

吴和罗（Wu and Roe，2007）运用经济实验法研究了不同合约履行机制对社会效率和剩余分配的影响，他们发现如果第三方能够有效率地监督合约履行，社会效率可被提升；当第三方不能有效率地监督合约履行，社会效率也不一定下降，原因是交易方会通过谨慎调整寻找到自我实施的合约。机会主义行为会造成对方事后利润低于保留水平，如果正式履约机制是单边的或不完全的，那么会限制交易方非正式的调整，从而带来社会效率的损失。克雷斯皮、塞藤和塞克斯顿（Crespi，Saitone and Sexton，2012）对农产品交易中买方市场势力进行了再考察，他们认为买方市场势力被夸大了，以为传统买方市场势力模型不能描述基于稳定合约关系下的经济互动性。实施短期的垄断势力对买方长远利益有害，因为低回报率会导致投入方撤退资源。

2. 市场失灵

金和朗斯坦（1999）认为订单农业是对市场缺陷的反应，企业是否决定与农户签约取决于合约条款和条件，这些条款与条件也决定了接受合约的种植者的特征，他们提出了三种组织形式：现货市场、农业合约和纵向一体化。现货市场和纵向一体化处于两端，农业合约处于中间。订单农业是一种折中制度安排，企业参与生产过程，但不拥有农业资源所有权。企业可以出于多种原因选择合约形式，他们的动机反映在其所选择的合约类型中。米诺特（1986）提出了三种典型农业合约：市场规范合约（market specification）、资源供给合约（resource-providing）、生产管理合约（production management）。市场规范合约是在收获前签订的协议，用来规范企业和农户行为，包括价格、质量和时间。资源供给合约是指企业提供农业生产物资、信用等。生产管理合约是要求农户遵循特定的生产方式或投入规则进行生产的合约。三种合约分别针对不同情况的市场失灵，主要是信贷、保险、生产要素市场的失灵一同影响了企业与农户之间的治理方式。

（1）信贷市场失灵。非传统农产品生产成本较高，需要信贷资金支持。企业能够以更低的成本和更快的速度给予农户贷款支持。企业作为农产品的需求方,可以很容易地从农产品收购中提取贷款收益,外部市场需求很少,农户不得不将农产品出售给企业。企业可借此保障货源,或可获得低于市场价格的成交价格。如果农户违约意味着他将失去企业给予的信贷和与企业之间的交易关系。企业要确保给予农户的信贷资金是用于农户生产投入之中。信贷合约与农业合约一体化,避免了与银行之间的交易费用以及抵押费用。低监督和低执行成本使企业相比于其他借贷者而言具有优势。小规模农户、较为贫困的农户更有信贷需求。如果信贷不能使企业受益,企业宁愿与资金较为充裕的农户订约。

(2)保险市场失灵。非传统农产品比传统农产品有更大的风险,产量、成本和价格变化都较大,有些农产品还具有易腐性,难于储存。订单农业可以减少产量和价格的波动。企业可从农户风险降低中获得风险收益,这是农户让渡给企业的,作为风险降低的报偿。风险规避型农户甚至愿意接受有预期的比市场价格低的稳定合约价格。在种植之前就规定合约价格,可以降低农户的价格风险。通过状态依存合约可以降低产量风险,例如,合约规定如果农产品不收获可获得贷款减免。企业可通过这些措施获得低于市场价格的收益。在信贷和保险不完善的市场环境下,企业更倾向于选择合约或一体化,而不是现货市场。如果保险能让企业受益,企业更愿意与抗风险能力较弱的低收入农户订约。当产量风险较大时,为规避农户的道德风险,企业希望农户也能承担风险,企业更愿意与能承担风险的大农户订约,这样企业可少承担些风险。

(3)生产要素市场失灵。农业专用投入市场的失灵较为明显,包括机械、化肥和种子。特定种植技术、收获机械、特定种子、化肥、农药和复杂的灌溉设施难以获得。企业在某个地区设立工厂后,必须将这些技术和设备传授给当地的农户。资源供给合约或生产管理合约以及纵向一体化就是企业在新地域实施生产的相对有效的方式(Austin,1981)。一旦生产开始,企业可以运用纵向一体化和订单农业维持对特定投入农户的垄断地位。当要素市场存在缺失时,企业对专用知识、专用设备、专用农业化肥和种子有买方垄断控制。如果技术或设备更适合大规模农户,那么大规模农户比小规模农户更有优势。

农户掌控的资源市场包括劳动市场和土地市场。农村劳动市场不完善,家庭劳动不能很有效地进行交易,素质高的劳动力会通过租赁更多的土地来弥补这个缺失,而且素质高的劳动力会比素质低的劳动力生产更多的劳动密集型农产品(Bell,1989;de Janvry et al.,1991)。在不完全的市场环境下,劳动力不能完全通过调整来适应要素市场的缺失。由于土地市场的缺乏或金融市场的缺乏，高素质劳动家庭不能租赁土地。如果工厂不能雇佣到农户劳动力，那么工厂就不能很好地利用便宜的农户劳动力。莫里森等（2006）指出，企业为降低成本和提升效率，从现货市场采购转向合约采购，通过合约，企业获得了更便宜的劳动力和自然资源供给，降低了交易费用，转移了风险。在墨西哥，企业因不能拥有土地而被迫采用合约或现货市场交易。土地产权的界定缺失是企业不能实施纵向一体化的重要原因。

企业面临土地和劳动供给的约束（Zhang，2021）。订单农业的出现依赖于小农与企业之间的资源禀赋和资源约束，这个资源禀赋和资源约束取决于当地的政治经济因素。如果小农能够聚集足够的资本和技术，获得市场准入，或者这些资源由公共机构或政府提供，小农也可以开展独立的商业农场经营，不需要依赖企业。他们可以组建各种各样的生产组织取代企业，例如合作社。如果企业拥有土地，就可以廉价雇佣劳动，将农业工业化，比家庭生产更有效率，他们可以建立公司农场，依赖雇工劳动，而不是与独立农户签订合约。

此前这些成果为本研究提供了基础，明确了合约可以事先"圈定"交易对象，并将交易关系稳固下来，可以减少买方和卖方对接的费用，也可降低对投资风险的担忧，还可以通过这种稳固关系传递新技术、新信息，规定价格难以确定的复杂要素等。但是，如果在交易费用很小，市场也很发达的情况下，合约是否就不能产生了呢？例如，我国水稻市场，买者和卖者都较多，交易费用也很小，仍出现了合约，我们将从转换成本视角分析为什么在当前交易费用很小的情况下，合约仍会产生。

2.5.2　纵向一体化与市场、合约之间的关系

1. 交易费用理论的实证支持

交易费用理论中，威廉姆森（1975、1986）、克雷恩、克劳福德和阿尔奇安（1978）提出了少数人讨价还价是纵向一体的起因。这个问题可以分解为两种：第一，事前市场是竞争的，有多家买者和卖者；第二，事后因为沉没成本而使买者和卖者相互锁定。每位投资者都有利用对方准租金的激励。事实

上，买卖双方会因为资产专用性而被套牢为双边垄断关系，长期合约可避免这种套牢问题。或者是，企业必须求助于一体化。利伯曼（Lieberman，1991）的实证研究支持了由交易费用理论得出的假说：上游市场只包含少数供给者时，下游生产者更可能实施后向一体化；当下游企业投入在交易专用资产上的沉没成本越多时，越有可能进行后向一体化；当中间投入与总成本比例越大，后向一体化的可能性越大。

迈厄尔和琼斯（Mighell and Jones，1963）、克诺贝尔（Knoeber，1983）对纵向协作在食品行业产生原因和应用所做的研究都将纵向协作与交易费用相联。乔斯科（Joskow，1985）、利维（Levy，1985）也考察了交易无效率对纵向一体化或长期合约的影响。然而，还没有研究使用一种测量方法来反映从现货市场到一体化的程度。

弗兰克等（Frank et al.，1992）提出了一个纵向协作指数（vertical coordi-nation index），包括产业投入 – 产出关系和非市场安排。在经济分析中，纵向协作指数被用于考察交易费用对食品行业纵向联系的影响。实证研究结果支持了假说，交易费用是纵向协作主要的动因，纵向协作指数比传统纵向一体化测量方法更稳定。他们的实证分析证明食品行业交易无效率促进了非市场纵向安排的出现。交易费用与不确定性、供应商集中度、资产专用性、内化成本（internalization costs）有关。

2. 纵向一体化并非是合约的高级形式

奥斯特（Aust，1997）分析了肉鸡产业的纵向协作模式，结论是肉鸡生产存在交易费用很高的事实，带有不确定性的资产专用性和高信息费用是影响肉鸡产业高交易费用的两大主要原因。90%以上的肉鸡生产是在合约下进行的，其余10%是通过一体化进行的。他指出纵向协作比纵向一体化比例更大、适用更广泛的原因是纵向协作更灵活。纵向协作允许企业在不获得农场所有权的情况下获得农户对企业的专用投入，要获得农场所有权就要投入更多的专用性资产。该结论建立的基础仍是交易费用理论所秉承的资产专用性带来交易费用，但是也有不同的地方，即纵向一体化与资产专用性程度并非呈直线相关关系，而是试图说明合约与纵向一体化都有各自的交易费用，关键看哪种交易费用更低。

值得一提的是，奥斯特（1997）指出了肉鸡合约模式与水稻合约模式的不同。肉鸡合约多为生产合约，由企业投入生产物资、防疫技术等，而水稻合约多属于销售合约，由农户自己投入生产物资，且水稻合约经常出现溢价现象，但是奥斯特（1997）并没有对这一现象给出满意的解释。

阿吉翁等（Aghion et al.，2006）发现竞争与一体化之间是"U 型"关系，理由是，产品市场竞争的增强，将减少生产者一体化的激励，因为他们可以通过公开市场选择供应商或更换供应商，供应商的创新将增加。非常激烈的竞争将提高对生产者一体化的激励，使非一体化工艺上获得了创新的剩余。根据交易费用理论，纵向一体化是解决事前交易专用投资导致事后无效率的方式，该理论指出了纵向一体化与关系专用性之间的正向相关关系。根据产权理论，所有权结构的目的不是为了解决事后讨价还价效率问题，而是为了解决事前投资不足问题。交易费用理论预言，随着市场竞争程度的增加，资产专用性程度降低，纵向一体化存在的可能性将降低。产权理论则允许竞争与纵向一体化之间的"U 型"关系。因此，他们的结论似乎支持了产权理论的推论。

3. 供给和需求关系引发的纵向一体化

佩里（Perry，1989）指出，在当前的市场价格下，企业不能生产想要生产的产品数量。这个与卡尔顿（Carlton，1979）的模型是一致的，下游企业并购上游企业保障原料供应，并购程度以最大概率满足消费者需求为准，其他小概率多余需求则到公开市场购买。这个现象叫作"圈养现象"（Captive-supply of cattle）。

纵向一体化被用于处理需求和供给波动带来的不确定性。佩里（1982）提出的模型可以回答上述问题。虽然纵向一体化不能使企业免于价格波动，但可以提供多样化的收益。内部需求波动是同步的同方向的，零售商和制造商的回报是正相关的，纵向一体化的激励不大；如果内部需求波动是不同向、不同步的，纵向一体化的激励较大。例如，制造阶段的需求增加，但是零售阶段的供给减少，价格上涨，此时供给和需求是反向的。典型例子是1994 年秋天美国猪肉市场，包装企业达到了产量的顶峰，屠宰商的能力也达到顶点，生猪数量仍在增加，此时，生产者不能卖掉所有的生猪，生猪生产商的回报减少，于是生产商有拥有自己罐头厂或屠宰厂的激励，虽然长期收益不确定。

实证研究者很少考虑到需求变动，企业后向一体化确保稳定供给（assure stable sources of supply）。利伯曼（1991）的实证研究支持了以下关于需求变动与纵向一体化关系的假说：其他中间投入品的买者需求变动越大，则企业一体化的激励越大，特别是，这种现象可能出现在中间投入品有很多用途时，一些买者需求波动较大；当一个企业对中间投入的需求占总需求比例很小时，这个企业没有一体化的激励；一个企业对中间投入的需求越大，纵向一体化的可能性越大；中间投入市场需求波动越大，后向一体化可能性越小；下游市场需求波动越大，后向一体化可能性越小。

2009年海伦、兰迪和梅耶尔进行了实证研究，发现农民组织的作用在投入上效益明显，在带领农民进入市场上效益不明显。农民组织对价格没有影响。谷物销售组织少见。农业组织的收益来自投入的改进，如种子、化肥、信贷，而不是产出，小农户会给合作组织带来麻烦。

贾甫和赵楠（2012）从降低费用角度分析了合作社产生的原因。他们认为监督成本和协调成本的差异决定了组织成本的差异，组织成本的差异决定了各种农工业经济组织的相对效率结构，因而决定了农业经济组织的周期性演变及其多样化特征。组织会使协调成本下降，但会使监督成本上升。

以上关于产业组织形式的研究成果对本研究十分重要，后续内容将多次提及这些成果，或直接引用，或进行拓展。"资产专用性——机会主义行为——组织形式"的理论路径不能完全解释我国农业组织形式的产生过程，也不能直接用来指导我国农业产业化进程，为推动我国农业组织形式创新，需要有更有力的理论解释。本研究将沿用资产专用性的概念，将其纳入转换成本的分析范畴，以"资产专用性——转换成本——成交价格——组织形式"来分析农业企业与农户间的纵向一体化。

2.5.3 联合所有权产生条件分析

亨纳特（Hennart，1993）认为联合所有权与合约相比，组织成本相对较高，但监督成本相对较低。西库塔和库克（Sykuta and Cook，2001）在分析IOF和合作社差异时，认为不同组织形式的目的是减缓危害和最小化成本，组织形式会直接与签约者的组织结构本质和组织产生的激励有关，理解组织形式与合约结构之间的相互作用，是理解合约为什么产生、怎样产生、哪里产生以及什么时候产生的必要步骤。马克等（Mark et al.，2000）运用 20 个产业 208 个合约和联合所有权数据，从供应商的资产专用性、绩效和声誉角度区分了联合所有权与合约的产生条件，如表 2.2 所示。结果表明买方和卖方选择联合所有权而不是简单的合约的条件有三个：一是供给方资产专用性程度很高；二是监督供给方行为是很难的；三是供给方声誉较差。他们发现纵向联合所有权（买卖方之间）与合约相似，某种程度上财富更多地流入到了供给方企业里。横向联合所有权（价值链同层级企业之间）提供了双边、协同财富。买卖双方可以运用联合所有权降低某些治理问题而不是获得协同效应。

表 2.2　　合约与纵向联合所有权：供应商的资产专用性、绩效、声誉与组织形式

角度	简单合约	联合所有权
供应商专用资产投资	供应商由于投入专用的资产、技术而有可能会被套牢；买方因为转换成本会被套牢	套牢风险可以通过双方相互投资以及供应商对联合所有权的控制而降低
供应商绩效模糊	买者容易受到卖方机会主义行为的欺骗（卸责或欺骗）	供应商的产出取决于风险状况，激励被捆绑
供应商的声誉	供应商维护声誉的愿望降低了机会主义行为的激励	监督水平提升以及结盟的激励降低了机会主义行为可能

资料来源：Mark B. Houston and Shane A. Johnson. Buyer – Supplier Contracts Versus Joint Ventures: Determinants and Consequences of Transaction Structure ［J］. Journal of Marketing Research, Vol. XXXVII, February, 2000: 1 – 15.

马克等关注买方和卖方的交易关系，这与亨纳特（1993）和科格特（Kogut，1988）的研究一致，也与我们的研究初衷相符。他们认为联合所有权有三个特点：第一，联合所有权提供了更强的关系度，由此降低买方和卖方的套牢风险；第二，买方和卖方将报偿机制捆绑在一起，形成了利益共同体，降低了供应商机会主义行为的激励；第三，使供应商实现对下游重要资产的控制。他们沿用的理论仍是机会主义行为，具体地说，供应商提供交易专用资产（transaction-specific asset）会产生套牢问题（Teece，1986）。买方会因为转换

供应商而产生套牢，尤其是该供应商提供独一无二的产品或服务时（Heide and Weiss，1995）。

马克等（2000）研究的理论基础是交易费用理论，交易费用理论虽是研究联合所有权的主流理论，但仍存有一些缺陷，例如，忽略了资源差异对所有权安排的影响。曾（Tsang，2000）则从资源基础理论角度解释了联合所有权，比较交易费用理论和资源基础理论。交易费用理论将焦点集中于交易费用方面，用中间投入的市场失灵、资产专用性及规范和监督绩效的高不确定性解释了联合所有权。资源基础理论将焦点集中在交易的收益方面，它视联合所有权为一种开发和发展企业资源的手段。理查德等（Richard et al.，2009）对交易障碍进行了研究，包括讨价还价、信息、代理、执行和分配问题。他们用制度集体行动解释政府间的合作，指出合作的成本受到人口特征、政府机构、地方政府网络的本质等因素影响。

马里努奇（Marinucci，2009）研究了联合所有权的形成和绩效，谁的努力对联合所有权的利润影响大，谁就拥有更大的利润份额。管理权的分配既提升福利，也提升利润。富尔顿等（Fulton et al.，1996）对联合所有权的发展趋势做了分析，从 1980～1991 年，美国粮食营销合作社减少了 25.2%，粮食存储量增加了 28.7%。他们认为农业合作社规模经济的表现是：粮食运输费用的节省，原材料数量的折扣，存储平均成本的降低，油料和化肥运输费用的节省。联合所有权被视为集体行动安排（collective action arrangement）。博弈论对这些安排能够取得成功的条件做了研究。联合所有权满足以下七个条件更容易成功：（1）长期一起工作；（2）违约管理者将受到重罚；（3）合作企业财务合理；（4）利润和成本被所有参与者所熟悉，合作收益大于不合作收益；（5）合作人数很少，合作者是同质的；（6）管理者之间了解运营情况并保持良好沟通；（7）管理者相互尊重、信任。

到目前为止，对联合所有权的分析多以交易费用理论作为理论基础，研究重点集中在联合所有权成功的条件，对联合所有权产生的条件研究较少，即西库塔和库克（2001）提出的基本问题，联合所有权为什么产生、怎样产生、在哪里产生、什么时候产生，这些基本问题仍需要解释。汉斯曼（2001）运用企业所有权理论，解释了合作社的产生条件，他提出了企业交易成本的总和等于市场交易成本加企业所有权成本，他认为某一种所有权形式在某个行业中处于统治地位时，就说明在这个行业中这种所有权形式要比其他任何所有权形式都更能节约成本。公共补贴或政府干预有时会使一种所有权形式取得相对于其他所有权安排的明显优势。汉斯曼（2001）的研究为本书相关内容提供了非常重要的基础。

第3章 分析框架

交易是分析经济组织形式的基本单位（Williamson, 1985）。本书以企业和农户的交易关系为研究对象，假设企业和农户都有若干交易对象可以选择，更换交易对象会发生转换成本。组织形式从产权角度看，从现货市场到合约，再到联合所有权、纵向一体化，这个过程是一个谱系，包含了很多种产业组织形式，本书主要探讨现货市场、农业合约、纵向一体化和联合所有权四种组织形式（如图 3.1 所示）。转换成本会对交易者讨价还价能力以及最后的成交价格产生影响，进而影响交易者对组织形式的选择。

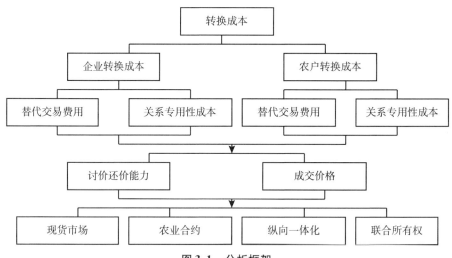

图 3.1 分析框架

3.1 选择转换成本视角的原因

3.1.1 交易费用理论的拓展：从当前交易费用到转换成本

亚当·斯密（1776）在《国民财富的性质和原因的研究》（以下简称《国富论》）一书中论述分工的三大好处时，指出分工可以节约从一种工作转向另一种工作通常要损失的时间，他注意到了工作转换中的费用。科斯（1937）认为交易费用包括发现相对价格的成本、为市场上进行的每一笔交易进行的谈判和签约的成本，大部分经济活动之所以展开，就是为了避免用别的方法可能带来的高额交易费用或是为了降低交易费用（Coase，2010）。弗鲁博顿和芮切特（2012）将市场型交易费用分为三类：搜寻和信息费用，讨价还价和决策费用，监督和执行费用。搜寻和信息费用是指寻找愿意与之交易的交易对象的费用；讨价还价和决策费用是指就合约条款谈判和协商的费用；监督和执行费用是指交货时间、产品数量和质量监督、度量的费用。沃利斯和诺斯（Wallis and North，1986）指出，买卖关系及其中介是交易费用的关键，从买方看，交易费用是买方支付而卖方并未收到的成本；从卖方看，交易费用是那些如果卖方将产品卖给自己就不会发生的成本。

转换成本是指从一个交易对象转向其他交易对象所发生的成本。转换成本会影响相对价值/价格比（RVP）（Porter，2005）。从当前交易对象转向其他交易对象的成本是交易者在改变交易对象中发生的成本，包括与新交易对象发生的替代交易费用以及产生的价值折损。外部交易是当前交易的参照物，其成本影响当前交易行为。外部交易主要有三个方面影响：一是替代交易的运输费用、搜寻费用、谈判费用、签约费用和履约费用等；二是对买方最终产品生产成本和质量的影响，也就是对买方价值的影响；三是对卖方成本的影响，卖方为了满足不同客户需求而进行的再加工、再处理的费用。其中，第一个方面的影响可概括为替代交易费用，科斯（1937）将交易费用概括为发现相关价格的费用、谈判和签约的费用，没有将当前交易费用与替代交易费用进行区分。

后两点可归结于关系专用性程度。交易费用实际发生在当前交易对象之间，转换成本虽然只在改变交易对象时才发生，但直接影响着交易对象的选择。

交易费用理论多用当前交易费用大小解释组织形式的选择，特别是威廉姆森在《资本主义经济制度》中提出，随着资产专用性程度的提高，机会主义行为带来的交易费用越大，为减少当前交易费用，组织形式将逐步从现货市场向合约、纵向一体化转变，这一演化过程与交易费用之间是直线关系。

转换成本将分析对象具体到当前交易行为和替代交易行为。当前交易费用可能很小，转换成本可能很大，两者区别具体来说如表 3.1 所示。

表 3.1　　　　　　　　　　　当前交易费用与转换成本的比较

维度	当前交易费用	转换成本
研究对象	两个当前交易对象之间的	与其他不同交易对象之间的
内容	交易费用	替代交易费用 + 价值折损
性质	实际发生的	机会成本

第一，当前交易费用将研究对象集中在两个交易对象之间，包括运输、谈判、签约等费用，转换成本将研究对象集中在与其他不同交易对象之间，双方都可能有当前交易费用和转换成本，当前交易者之间的交易费用可能是相同的，例如运输费用，距离确定后，无论是买方到卖方，还是卖方到买方，运输费用几乎是相同的。但是，每个交易者的转换成本都不相同，因为每个交易者面临的替代交易费用大小和价值折损不同，它取决于买方数量和卖方数量，还取决于产品差异化程度。当前交易费用来自交易对象数量，交易费用产生的一个原因是少数人讨价还价（MacDonald，1985），少数人讨价还价会导致谈判费用升高，这个讨价还价费用对于当前交易对象来说是相同的。

第二，转换成本除了包括与新交易对象发生的替代交易费用之外，还包括价值折损。为当前交易对象投入的关系专用性程度越高，替代交易带来的价值折损或成本增加越大（Edlin and Reichelstein，1996）。买方价值折损主要来自产业差异化，产品差异越大，则买方价值折损越大，产品越是同质，买方价值折损越小。特定品种、新产品给买方带来的转换成本会较高。卖方成本增加是因为卖方需要做调整才能满足新交易者的需求。同样，与当前交易者的关系专用性越强，卖方需要进行调整的成本越高。交易费用不包括这部分内容，交易费用强调的是由于资产专用性投资导致的谈判费用，不包括资产专用性带来的折损。

第三，交易费用是实际发生的；转换成本不一定实际发生，属于机会成本。杨小凯、黄有光（1999）指出，在多边议价的情况下，每个交易者都有机会转向其他潜在交易者进行议价。无论是信息和搜寻费用，还是谈判费用，以及监督和执行费用，都是伴随交易从事前到事后实际发生的，一般到交易结束时也随之结束。转换成本是一种机会成本，在当前交易过程中并未实际产生，只是作为当前交易的参照点而存在。一旦当前交易结束，当前交易费用不再发生了，转换成本才开始实际发生。

每个交易者面临的转换成本是不同的，交易者除了面临降低当前交易费用之外，还要考虑转换成本的威胁，尽可能地避免转换成本。因此，组织形式选择不仅是为了降低当前交易费用，还为了规避可能发生的转换成本。

3.1.2　转换成本对价格的影响

霍特林（Hotelling，1929）在《竞争均衡》一文中，指出古诺（Cournot）模型、阿莫罗索（Amoroso）模型和埃奇沃思（Edgeworth）模型中忽略了顾客从一个供应商转向另一个供应商时价格的变化。当某个企业提价时，并不会丢掉所有的顾客，许多顾客仍会购买该企业产品，原因是这些顾客离该企业比其他企业更近，或者是因为这些顾客对该企业产品形成了特殊的偏好，"一价原理"满足的条件是将市场看作是一个点，市场没有长度、宽度和厚度，正如人体内的某个部位在某个时刻只有一个温度一样。

霍特林将市场看作是一个延展区域，提出了"霍特林线段"。买者均匀地分布在一条长为 l 的线段上，好比是某镇上的主街或横贯大陆的铁路。两家企业 A 和 B 坐落在这条街道上。每位顾客将产品带回家支付的单位距离成本为 c，那么每位顾客都会用价格与运输成本之和来权衡购买行为。有很多原因使顾客偏好某个企业的程度高于另一个企业，霍特林将这些原因简化为运输成本。在产品同质的前提下，企业 A 和企业 B 的均衡可以表示为企业 A 的价格加运输成本等于企业 B 的价格加运输成本，由此均衡价格和数量就确定了。这就否定了古诺模型竞争不稳定的假说。霍特林模型诠释了竞争与垄断并存的可能性；明确指出由于运输成本的存在，同质商品也可能出现需求无弹性现象；将运输成本作为市场结构分析要素，打破了以独自定价权来判断市场结构的传统思维。霍特林模型假设了产品是同质的，所以，还可从产品差异化角度进行丰富。

波特（1980）明确提出，转换成本（switching cost）是买方从原供应商处采购产品转换转到另一供应商那里时所遇到的一次性成本。他认为转换成本包括雇员重新培训成本、新的辅助设备成本、检测考核新资源所需的时间及成本，由于依赖供应方工程支持而产生的对技术帮助的需要、产品重新设计，甚至包括中断老关系需付出的心理代价。同时，他也指出在获得可选择报价、谈判或执行交易等方面面临特殊困难的客户具有的固有实力较小，寻找新的卖主或新的品牌所需代价较大，只能维持现有卖主。卖方也有转换成本，向不同客户供应同一产品的成本会有不同，如订货量、直接销售与通过分销商销售、要求的到货期限、计划与后勤管理要求的订货流程的稳定性、运输成本、销售成本、定制与修改的必要。他指出买卖双方都有转换成本，并列举了偏远地区客户更换卖主的例子，表明虽然客户与原卖主之间有交易费用，但是更换卖主要付出更高的交易费用。波特（1980）指出，转换成本影响买方和卖方的讨价还价能力，转换成本使买方依赖于卖方，如果卖方有转换成本，则买方讨价还价能力会增强。

3.1.3　转换成本下组织形式选择会发生变化

转换成本被用来分析治理模式选择后，展现了强有力的解释能力。法雷尔和夏皮罗（Farrell and Shapiro，1988）认为关系专用资产使买方从一个供应商转向其他供应商时产生转换成本。这使卖方产生了垄断势力，卖者会提高价格，提高幅度相当于买方的转换成本。他们（1989）指出，顾客可以通过签订长期合约的方式规避转换成本的影响。埃伯（Eber，1999）在《转换成本与隐性合约》一文中指出，在许多市场上，转换成本的存在意味着价格扭曲。例如，转换成本可使被套牢的老顾客不得不接受价格上涨。企业与顾客之间的隐性合约经常被用来维系企业和顾客的关系。他提出了世代重叠模型来分析隐性合约、转换成本与价格扭曲的关系，该模型假设企业处于伯特兰市场结构下，且企业可以识别新老顾客，结论是长期隐性合约是减少转换成本造成价格扭曲的有效方式。巴克（Bac，2000）指出，当合约是不完全的时候，关系专用投资会导致双边或单边垄断，转换成本对效率和剩余分配有重要影响，如果卖方有关系专用投资，买方转换成本很低，后者会以转换交易对象来威胁，从而获得更大的剩余，买方事后讨价还价能力是转换成本的函数。

交易双方当前交易费用为零，但转换成本较高的情况下，合约依然可能会产生，因为合约会使交易双方提高当前交易概率，规避转换成本。这对合约产生的原因提出了新的思考。调研中发现，企业会事先与指定的种植特殊品种水稻的农户签订合约，规定以高出市价 2 分钱的价格收购，溢价收购激励着农户履约。这意味着，企业转换成本较高，农户转换成本较低时，农户讨价还价能力会较强。

交易者转换成本不同，讨价还价能力不同，转换成本高的一方，讨价还价能力弱，转换成本低的一方，讨价还价能力强，纵向一体化会消除讨价还价能力的差距，纵向一体化如何使转换成本高的一方与转换成本低的一方同时受益？纵向一体化如何才能实现？是转换成本高的一方将资产出售给转换成本低的一方，还是转换成本低的一方将资产出售给转换成本高的一方？

如果从转换成本角度思考组织形式问题，可能会得出与以往不同的结论，丰富我们对组织形式选择的认识，使我们的认知更贴近现实。

3.2 转换成本的维度

外部交易是当前交易的参照物。外部交易主要有三个方面影响：一是替代交易的运输费用、搜寻费用、谈判费用、签约费用和履约费用等；二是对买方最终产品生产成本和质量的影响，也就是对买方价值的影响；三是对卖方成本的影响，卖方为了满足不同客户需求而进行的再加工、再处理的费用。第一个方面的影响可概括为替代交易费用，科斯（1937）将交易费用概括为发现相关价格的费用、谈判和签约的费用，没有将当前交易费用与替代交易费用进行区分。后两个方面的影响可归结于关系专用性程度，为当前交易对象投入的关系专用性程度越高，替代交易带来的价值折损或成本增加越大（Edlin and Reichelstein，1996）。

从表 3.2 中可以看到，转换成本理论从消费者市场分析逐渐向生产者市场分析转化，转换成本最早被用于消费者市场研究，逐渐被用来分析生产者市场，特别是供给转换成本研究成为当前理论研究的热点。

表 3.2   转换成本理论研究脉络

维度	代表人物	研究对象	研究方法	研究结论
交易费用；学习费用；人为或合约费用	克伦姆佩勒，1987	消费者市场	数理模型	有转换成本的市场价格要比没有转换成本的市场价格高
交易费用；关系专用性成本	法雷尔和夏皮罗，1988	行业进入壁垒	数理模型	转换成本与规模经济一同构成进入壁垒
告知费用；善后费用；学习费用	施莱辛格和舒伦柏格（Schlesinger and Schulenburg，1991）	保险市场"价格离散"现象	数理模型	保险公司对有转换成本的消费者形成垄断
运输费用；搜寻费用	伯恩斯坦（Borenstein，1991）	汽油市场	实证分析	转换成本会使同质商品市场出现价格歧视
交易费用；学习费用	尼尔森，1992	消费者市场	数理模型	消费者每次更换供应商都会发生交易费用，消费者只有选择新的供应商才会发生学习费用
投资融合成本；替代交易费用；学习费用；不确定性；价值折损；心理损失	克伦姆佩勒，1995	消费者市场	数理模型	转换成本导致价格上涨和福利的无谓损失
交易费用；学习费用；识别风险	埃尔津加和米尔斯（Elzinga and Mills，1998）	烟草分销市场	实证分析	转换成本与销售量成正比
交易费用	希伯（1999）	消费者市场	数理模型	长期隐性合约可减弱转换成本对价格扭曲的影响

维度	代表人物	研究对象	研究方法	研究结论
交易费用；学习费用	格里克和斯滕巴卡（Gehrig and Stenbacka, 2004）	消费者市场	数理模型	消费者转换成本随着产品差异化程度增强而增大
交易费用；学习费用；人为或合约费用	迪科里等（Dikolli et al. , 2007）	消费者市场	实证分析	顾客满意度提高顾客转换成本
交易费用；心理成本	齐鲁利亚（Zirulia, 2010）	通信行业	数理模型	新进入者市场份额取决于产品异质性和顾客转换成本
新立费用；学习费用；变化费用	张建雄等（Jianxiong Zhang et al. , 2015）	生产者市场	数理模型	买方转换成本与交易数量正相关

根据克伦姆佩勒（1987）和尼尔森（1992）对转换成本的分类，本书将转换成本分为替代交易费用和关系专用性成本两个维度。替代交易费用反映转换交易对象过程中实际发生的费用，关系专用性成本反映物质资产价值折损和交易价值折损。

3.2.1 替代交易费用

科斯（1937）把交易本身作为研究对象，明确指出交易是有费用的，交易同生产一样是需要消耗资源的，从资源稀缺性自然也就推出交易稀缺性。交易与费用相结合，一方面将传统的成本 – 收益分析真正运用到了经济行为的最小单位上，另一方面丰富了经济决策所要考量的变量。交易费用最低成为制度选择的一条准则。按此推理，市场、合约、纵向一体化是交易双方为降低交易费用而选择的不同组织形式，目的是将当前交易费用降到最低，在当前交易费用较小的情况下，市场是最优模式，在当前交易费用较高的情况下，纵向一体化是最优的模式。威廉姆森（1985）分别从交易因素和人的因素分析了交易费用产生的原因。他指出交易者数量对交易费用的影响，其逻辑是交易者数量多时不容易产生机会主义行为，所以讨价还价费用低。在少数人交易时，交易者被套牢的风险增大,讨价还价费用提高,由此导致市场让位于合约、合约让位于纵向一体化。这既解释了交易费用产生的原因,也解释了交易费用对不同组织形式的影响。

如果用我国实践来检验该理论,就会发现现实和理论是有差距的,甚至是背道而驰的。从企业与水稻种植户之间的交易来看,当前交易费用很低的情况下,他们未必会选择市场,也有可能会选择合约或纵向一体化。企业和农户选择何种组织形式,不完全取决于当前交易费用,还取决于替代交易费用,即转换交易对象所需要的交易费用。

替代交易费用大小不完全取决于产品是否同质。即使产品是同质的,企业从一个农户转向其他农户,或者农户从一个企业转向其他购买者,都会发生替代交易费用。与当前交易对象的交易费用大小不能代表替代交易费用大小,因此有必要将两者进行区分。仅从产品是否同质角度判断市场结构是片面的。

替代交易费用是指转换交易对象过程中发生的运输费用、搜寻费用、谈判费用和签约履约费用。替代交易费用会造成不同交易对象之间交易价格的不一致,"一价原理"不能够反映唯一的均衡价格。企业和农户都会发生替代交易费用,他们任何一方转换交易对象都会发生替代交易费用。企业与农户之间最后的成交价格取决于各自替代交易费用的大小。

3.2.2　关系专用性成本

关系专用性是指专用于特定交易对象的专用性投资。关系专用性成本是指转换交易对象有可能带来两方面损失,一方面是资产价值折损,另一方面是交易价值折损。

1. 资产价值折损

威廉姆森(1985)将资产专用性定义为支撑某种具体交易而进行的耐久性投资,一旦最初达成的交易没有到期就提前结束,这种资产改用于最佳其他用途或由其他人使用,那么发生在这种投资上的机会成本要低得多。资产专用性包括四种:专用地点、专用实物资产、专用人力资产以及特定用途的资产。由资产专用性可得出可占用准租金的概念,资产的准租金价值是资产的价值超过其残值，即它在次优用途上对另一个租用人的价值的部分（Klein et al.，1978），由此机会主义行为便产生了获利空间。

2. 交易价值折损

然而，资产专用性的这个概念很容易模糊行业用途专用与交易关系专用的区别，关系专用投资的概念则明确指出了投资是专用于某一交易关系的投资，专门为某个交易对象进行投资是许多营销关系的普遍特征（Rokkan et al.，2003），专用投资可令企业更准确地识别特定价值并获得竞争优势（Ghosh and John，1999），但是，更换交易对象会对资产专用投资方造成损失（Elzinga et al.，1998）。GHM 模型（Grossman and Hart，1986；Hart and Moore，1990）直接将关系专用投资表示为买方价值的折损和卖方成本的增加，买方关系专用性程度越大，更换交易对象交易价值折损越大；卖方关系专用性程度越大，更换交易对象的成本增加越大。

买方价值折损会带来卖方垄断，卖方成本增加会带来买方垄断，如果买方价值折损和卖方成本增加同时存在，有可能会产生双边垄断，资产专用性会导致垄断，垄断同时伴随机会主义行为，机会主义行为导致交易费用，这是交易费用理论的基本逻辑，无论是哪一种垄断，都会增加交易费用。垄断程度越高，市场交易费用越多，因为实施机会主义行为的可能性越大（黄少安，1996）。张五常（2012）在《经济解释》的《受价与觅价》中对垄断提出了新的看法，张五常以邓丽君凭借自身的天赋和努力获得歌迷青睐这一通俗例子解释了垄断产生也是有价值的，每个人或企业都有不断创造垄断的权利，因为他们只是展现自身的独特性，并没有约束市场竞争，也没有阻止市场竞争。邓丽君没有利用歌迷对她的喜爱，作出有损歌迷的事情，歌迷可以选择不去参加邓丽君的演唱会，也可以不去购买她的唱片，邓丽君并没有强迫歌迷发生交易行为，歌迷与邓丽君之间也没有发生高额的交易费用。因此，垄断程度越高，机会主义行为发生的可能性越大，交易费用越高，这种观点并不准确。

3. 其他专项投入

有些投入是不能形成资产的，却是应交易对象要求，专门进行的有针对性的投入，这部分投入列为其他专项投入。如果与其他交易者交易，该部分投入事前是可以避免的。如果事后改变交易者，专项投入者将会承担该部分投入的损失。因此，这部分投入虽然没有形成资产，但仍会因关系专用性而产生损失。

3.3　成交价格的决定与讨价还价能力

霍特林（1929）提出了霍特林线段，如图 3.2 所示。图 3.2 中，顾客均匀地分布在长为 l 的区域，A 和 B 两个企业的产品同质，影响顾客购买行为的只有价格和运输费用。因此，A 和 B 的需求量受到价格以及顾客与他们距离的影响。A 与 B 的距离是 $x + y$，霍特林分析了在存在运输费用情况下的价格均衡问题。如果 A 的价格是 p_1，需求量是 q_1，B 的价格是 p_2，需求量是 q_1，单位距离成本是 c，那么市场均衡条件是 $p_1 + cx = p_2 + cy$。但是霍特林模型不能完全适用于分析企业与农户的交易关系，因为该模型是在企业争夺顾客的竞争中实现均衡的，企业与农户之间的关系是企业要选择农户，农户也要选择企业。所以企业和农户要同时实现均衡，而不只是企业在竞争中实现均衡。

图 3.2　霍特林线段

资料来源：Hotelling H. Stability in Competition［J］. The Economic Journal，1929，39（153）：41 – 56.

3.3.1　农户供给量

企业要考虑的问题有两个：一是农户是否会将产品卖给其他买家；二是企业自己与其他农户交易的费用。农户也会考虑同样的两个问题：一是企业是否会购买其他农户的产品；二是农户自己将产品卖给其他买家的费用。也就是说，企业和农户都要面临同行竞争与转换成本的问题。这两个问题是一个硬币的两面。企业面临的同行竞争问题就是农户的转换成本问题；农户面临的同行竞争问题就是企业的转换成本问题。霍特林模型是从同行竞争角度进行的分析。

假设有两个企业 A 和 B。A 与 B 的距离为 t，农户在 A 与 B 之间均匀分布。企业 A 出价为 P_A，企业 B 出价为市场价 P_m。目标农户与企业 A 的距离为

x，与企业 B 的距离为 $t-x$。农户选择是将农产品卖给 A 还是卖给 B。农户与 A 交易的边际成本为 C，与 B 交易的边际成本为 $\bar{C}$，农户的均衡条件是：

$$P_A - C - x = P_m - \bar{C} - t + x \tag{3.1}$$

$$P_A = P_m - \Delta C - (t - 2x) \tag{3.2}$$

其中，$\Delta C = \bar{C} - C$，表示农户关系专用性程度，如果农户卖给 B 的边际成本高于卖给 A 的边际成本，那么农户对于 A 的关系专用性程度较高，$\Delta C > 0$。$t - 2x$ 为农户与 B 交易的交易费用减去与 A 的交易费用，即为替代交易费用减当前交易费用，可用 λ_n 表示。如果农户与 B 的交易费用大于其与 A 的交易费用，那么 $\lambda_n > 0$，反之 $\lambda_n < 0$。设农户转换成本为 S_n，农户由 A 转向 B 的转换成本为 $S_n = \lambda_n + \Delta C$。所以 $P_A = P_m - S_n$。

根据 $P_A - C - x = P_m - \bar{C} - t + x$ 可得出愿意与 A 交易的农户数为：

$$x = \frac{P_A - P_m + \Delta C + t}{2} \tag{3.3}$$

式（3.3）既代表了愿意与 A 交易的农户数，也代表了农户的供给量。就某单个农户而言，则表示了农户愿意与 A 交易的销售量。农户的供给量取决于 A 的价格和市场价格，以及转换成本的大小。

3.3.2 企业需求量

企业根据价格和转换成本确定需求量。假设企业 A 到目标农户的距离为 x，到农产品销售市场距离为 l。企业选择与目标农户交易还是与其他农户交易。与目标农户交易可给企业 A 带来价值为 V，与其他农户可带来价格为 $\bar{V}$，企业均衡的条件是：

$$V - P_A - x = \bar{V} - P_m - l + x \tag{3.4}$$

$$P_A = P_m - \Delta V + (l - 2x) \tag{3.5}$$

其中，$\Delta V = \bar{V} - V$，表示企业与其他农户交易的价值减去与目标农户交易的价值之差。令 $\lambda_q = l - 2x$ 表示企业从目标农户转向其他农户的交易费用之差，即替代交易费用减去当前交易费用。令企业转换成本为 S_q，有 $S_q = \lambda_q - \Delta V$。

从 $V - P_A - x = \bar{V} - P_m - l + x$，可得企业均衡条件为：

$$x = \frac{P_m - P_A - \Delta V + l}{2} \tag{3.6}$$

式（3.6）表示企业需求量。企业需求量取决于 A 的价格和市场价格，以及 A 的转换成本。

3.3.3　供需均衡结果

将农户的供给量与企业的需求量综合考虑，可得出企业 A 与目标农户交易的价格和交易量。

令 $\dfrac{P_A - P_m + \Delta C + t}{2} = \dfrac{P_m - P_A - \Delta V + l}{2}$，可得：

$$P_A = P_m + \frac{l - t - \Delta V - \Delta C}{2} = P_m + \frac{S_q - S_n}{2} \qquad (3.7)$$

$$x = \frac{l - t - \Delta V + \Delta C}{4} \qquad (3.8)$$

3.3.4　利润最大化条件

农户利润函数为：

$$\pi_n = (P_A - C - x)x = \left(P_A - C - \frac{P_A - P_m + \Delta C + t}{2}\right)\left(\frac{P_A - P_m + \Delta C + t}{2}\right)$$

$$\frac{\partial \pi_n}{\partial P_A} = \frac{P_A}{2} - \frac{C}{2} = 0$$

$$\frac{\partial^2 \pi_n}{\partial P_A^2} = \frac{1}{2} > 0 \qquad (3.9)$$

所以，$P_A = C$ 是农户利润的最小值点，价格越高于边际成本，农户利润越高，边际成本是农户承受的最低价格。

企业利润函数为：

$$\pi_q = (V - P_A - x)x = \left(V - P_A - \frac{P_m - P_A - \Delta V + l}{2}\right)\left(\frac{P_m - P_c - \Delta V + l}{2}\right)$$

$$\frac{\partial \pi_q}{\partial P_A} = \frac{P_A}{2} - \frac{V}{2}, \ \frac{\partial^2 \pi_q}{\partial P_A^2} = \frac{1}{2} > 0 \text{。} \qquad (3.10)$$

当 $P_A < V$ 时，$P_A = V$ 是企业利润最小化点，价格越低，企业利润越大，企

业价值是企业承受的最高价格。

运用霍特林模型可分析转换成本对不同市场价格均衡的影响,既改进了"一价原理"理论,也可以看出转换成本对讨价还价能力的影响。从式(3.7)可以看出,成交价格随着企业转换成本的增加而增加,随着农户转换成本的增加而减少。但是霍特林模型是建立在市场交易基础上的,无法得出企业和农户选择农业合约的原因,更无法看出企业和农户选择联合所有权、纵向一体化的原因和结果。因此,我们在分析不同组织形式产生条件时,在霍特林模型的基础上进行了改进。

3.4 以水稻产业为研究对象的原因

本书选择水稻产业为研究对象,以水稻种植户与水稻加工企业、收储企业之间的交易关系为样本,之所以作出这样的选择,原因有三个:

第一,种粮农户占比大是农村的现实,以水稻产业为研究对象,对于研究农业组织形式来说,具有较强的代表性,对培育我国农业新型农业经营主体以及粮食产业结构升级等具有较大的实践意义。

第二,水稻市场趋近于同质商品市场,却也出现了价格离散和合约,以往对组织形式的研究多集中在生猪、家禽、蔬菜、水果等产业,对水稻产业进行研究的较少。因此,以水稻产业为研究对象,既可以检验霍特林模型对转换成本与价格离散现象的推论,也可以丰富组织形式研究的内容。

第三,水稻市场中,交易费用较低,包括搜寻费用、谈判费用、监督费用等,因此,可以在交易费用较低的情况下,考察转换成本的影响。如果在交易费用较低的情况下,仍会产生合约或其他组织形式,就意味着组织形式的产生不仅仅是为了降低当前交易费用。

第4章 转换成本、成交价格
与农业合约关系分析

　　农业合约从市场机制中分离出来，不等于完全失去了市场机制的特征，而是比市场机制有了更丰富的规则。市场不在事前指定交易对象，合约事前指定交易对象，这种事前"圈定交易对象"的农业合约的出现是为了解决某些约束条件，这些约束条件无法完全通过市场机制得到有效解决。交易费用理论以规避机会主义行为来解释合约的产生，但机会主义行为发生在少数人之间，我国农业企业与农户的交易并非是少数人的交易，企业和农户都面临着多种选择，本章将从转换成本的视角分析农业合约的产生机制。

4.1 农业合约的特征

1. 签约方多为企业和农户

　　订单农业是农户与加工或营销企业为农产品生产和供给而签订的根据事前规定的价格成交的合约（Charles and Shepherd，2001），农业合约是由企业和农户构成的产销模式，农户面对的不是最终消费者，企业面对的也不是另一个企业。企业和农户的结合往往是工业与农业的结合，所以，农业合约反映的是两个产业的衔接，其间必然会受到两个产业生产特征的影响。作为两个不同产业的主体，分别在不同环境下生产，工业受资金、人才和最终需求影响较大，农业受土地、季节、天气影响较大；工业生产周期可以人为控制，农业生产周期受自然有规律地控制；工业品可统一规格和生产质量，农业品质量好坏受自然条件影响较大。

2. 农户投资关系专用性强，企业投资产品专用性强

由于单个农户生产规模难以满足企业的需求，所以企业与农户之间的关系并不是"一对一"的关系，而是"多对一"的关系，即多个农户面对一个企业。农户根据企业的要求进行投资和生产，农户的投资属于专用于企业的关系专用投资。企业面对的农户有多个，企业的投资并不专用于某个农户，而是专用于产品。农户投资固定资源或为企业改变生产模式会导致对企业的过度依赖，农户的退出选择受限，讨价还价能力降低（Key and Runsten，1999）。反之，如果农户所生产出来的产品也可以同样价格转让给其他买者，那么订单农业中的农户的关系专用性就较弱，讨价还价能力就很强。农户生产的产品对企业越是稀缺或对企业最终产品影响越大，企业投资的产品专用性越强，企业受农户产品的影响较大，受单个农户的影响较小。

3. 企业数量少需求量大，农户数量多单个产量少

相对于农户数量而言，企业数量相对较少，单个企业的需求量会等同于多个农户的生产量。相比而言，农户的数量很多，单个产量相对于企业的需求量来说较少。农户以村落聚居，同村农户相隔较近，村与村相隔较远。企业与农户的交易关系受到企业规模和农户规模的影响，如果企业规模很大，采购量超出了一个村子农户种植数量，跨村采购就成为必要。如果企业规模较小，采购量没有超出一个村子农户的种植数量，在一个村子进行采购就能满足需求。农户产量短期内是稳定的，很难有大幅度提高，企业与多个农户分别签约，企业采购量越大，签约数量就越多。

4. 重复订约

由于农业生产周期多为一年一熟或一年两熟，企业投资和经营具有长期性和稳定性，企业与农户签订的合约多为一年期，重复订约或一年一签就较为普遍。美国加利福尼亚州西红柿种植加工协会公布的数据显示，每年加工企业与90%的农户重新订立合约。重复订约可避免一次性交易所导致的投机行为（Leegomonchai and Vukina，2005）。

4.2 农业合约产生的原因：基于转换成本的视角

4.2.1 转换成本与合约要素的关系

1. 转换成本与市场结构

魏茨泽克和克里斯汀（Weizsacker and Christain，1984）从产品差异化和转换成本角度分析了市场结构，提出了替代成本的概念。替代成本是指从一个产品转向替代品的成本，他们指出替代成本与机会主义问题相联系，经常被认为是纵向一体化的一个原因。竞争距离（competitive distance）随着折现率上升而上升。新市场进入者会受到搜寻成本和转换成本的抑制。有转换成本的竞争距离比没有转换成本的竞争距离小。也就是说，有转换成本的市场竞争程度比没有转换成本的市场竞争程度高。原因是，转换成本越高，越多消费者的选择会基于未来，未来的偏好相对于当前偏好而言是不确定的和不重要的，因此，当前的产品差异化程度就不高了，竞争程度也就提升了。克伦姆佩勒认为他们的结论依赖于很苛刻的假设，即企业价格差异一直持续，所以他引入了声誉机制，企业承诺每个时期都实行同样的价格（Klemperer，1987）。

尼尔森（1992）正式地区分了两种消费者转换成本：交易费用和学习成本。即使消费者面对同质商品，在从一个供给者转向另一个供给者过程中，也会产生转换成本。事前同质商品在消费者做出购买行为后就变成了事后异质的商品。每次转换供给者都会发生交易费用，然而，只有转向全新的供给者才会发生学习费用。在多期寡头模型中，有两个关键的假设：一个是企业根据消费者购买历史实施价格歧视，企业可以分辨仅有一个供给者的消费者（忠诚消费者）和有两个以上供给者的消费者（非忠诚消费者）；二是消费者具有理性的期望。保持总转换成本不变，改变两种转换成本的比例，发现交易费用比例上升，会提高对忠诚顾客的价格。假设一个消费者从未转换消费，价格歧视表明企业对他提供的价格不同于提供给非忠诚顾客的价格。他之前的供给者会授意现在的供给者比竞争对手更高的价格，高出的价格相当于转换成本。总转换成本不变，交易费用比例的增加会产生两种效应：一种效应是消费者意识到更高交易费用和更低学习费用的情况下，现在转换消费会导致未来收益的减少，此后再转换会导致更高的代价。这个效应会导致现有供应者价格上升，称为消费者效应，来自消费者对是否转换消费的考虑。另一种效应源于竞争企业意识到较高交易费用的情况下如果能够将消费者吸引过来便可获得更高的收益，因为再转换意味着更高的代价。竞争企业为获得更高的未来收益会提供更低的当前价格，这个效应使现有企业价格下降，称为竞争效应，来自竞争对手对定价的考虑。

2. 转换成本与价格

施莱辛格和舒伦伯格（1991）从产品异质性（product heterogeneity）和转换成本（switching costs）角度解释保险市场价格离散（price dispersion）现象。买方转换成本包括信息成本、缔结新合约的成本、结束长期关系的心理成本、学习成本。这些转换成本可以使供给者对当前顾客实施卖方垄断势力。产品异质性下，即使卖者数量很多，转换成本依然存在。一些学者关注了转换成本与市场结构之间的关系（Klemperer，1987；Farrell and Shapiro，1988）。以魏茨泽克的研究（1984）为基础，施莱辛格和舒伦伯格（1991）给出价格 $P_i = (2q/m) + c$，消费者负效用函数为 $v(i) = P_i + qd_i$，消费者维持现有产品消费的条件为 $P_B + qd_B + ak < P_A + qd_A$。其中 k 表示转换成本，$a \equiv 1/\left\{ \sum\limits_{t=0}^{T} (1+r)^{-t} \right\}$，表示折现因子。保险公司数量为 $m/2$，各保险公司的边际成本不变且相等，d 表示产品特征距离，q 代表单位距离消费者的效用损失。消费者均衡结果表明，消费者转换成本越高，现有产品价格越高；消费者转换成本越低，新产品价格越高。消费者转换成本越高，消费者对现有产品需求量越大；消费者转换成本越低，消费者对新产品需求量越大。该模型的缺陷是顾客转换成本是外生的，与保险公司的数量无关；模型假设消费者是同质的，所以只考虑了消费者的转换成本，没有考虑供应商的转换成本。另外，他们没有对转换成本进行明确定义，为实证检验带来困难。

克伦姆佩勒（1987）在《转换成本下的市场竞争》中指出，转换成本使需求变得更加无弹性，有转换成本的市场价格比没有转换成本的市场价格高。他认为在许多市场上消费者从一个产品转向替代品时面临着大额的转换成本。他将转换成本分为三类：交易费用、学习成本和人为或合约成本。与魏茨泽克不同，克伦姆佩勒指出企业在第一阶段会以低价格来吸引消费者，第二阶段企业有提高价格的激励，更高的转换成本降低了消费者的灵活性，也就降低了企业的需求弹性，此时从现有消费者身上谋取更多的利润比吸引新消费者更重要。子博弈均衡结果显示，第二阶段呈现出更弱的竞争程度和更高的利润。无论是在第一阶段还是在第二阶段，转换成本都弱化了市场的竞争程度。

克伦姆佩勒（1989）发表了《转换成本促成的价格战》，他提出了带有转换成本的四阶段完全信息市场模型，分析了转换成本对价格的影响，结果表明，新进入者的后期价格比刚进入时高，现有竞争者的价格将会在新进入者进入后下降。新企业的进入会导致价格战，新顾客的进入也会导致价格战。转换成本可使现有企业保持比新进入者更高的价格。

克伦姆佩勒模型假设顾客具有同样的转换成本。在埃尔津加和米尔斯模型中，顾客具有异质转换成本，顾客是转向新的进入者还是维系与现有企业的关系取决于顾客转换成本的大小。他们采用 42 个烟草批发商的数据，研究了顾客转换成本的影响因素，发现顾客购买量越大，该顾客的转换成本越高。

博伦斯坦（Borenstein，1991）对 20 世纪 80 年代汽油产业进行了分析，他用顾客可获得油站数量来表示顾客的转换成本，顾客可获得油站数量越多，其在油站之间的转换成本越低。结果表明汽车站对转换成本较高的顾客有价格歧视，他也指出价格歧视可能在竞争充分的市场中产生。这是较早对转换成本与价格关系进行实证研究的文献。埃伯（Eber，1999）在《转换成本与隐性合约》一文中指出，在许多市场上，转换成本的存在意味着价格扭曲。例如，转换成本可使被套牢的老顾客不得不接受价格上涨。企业最初往往利用低价格或优惠吸引顾客进入，识破此伎俩的顾客可以通过签订长期合约的方式规避转换成本的影响（Farrell and Shapiro，1989），然而长期合约签订成本非常高，很少在现实中看到（Williamson，1985）。企业与顾客之间的隐性合约经常被用来维系企业与顾客的关系。埃伯提出了世代重叠模型分析隐性合约、转换成本与价格扭曲的关系，该模型假设企业处于伯特兰市场结构下，且企业可以识别新老顾客，结论是长期隐性合约是减少转换成本造成价格扭曲的有效方式。

3. 转换成本与关系专用投资

法雷尔和夏皮罗（1988）认为，关系专用资产使买方从一个供应商转向其他供应商时产生转换成本。这使卖方产生了垄断势力，卖者会提高价格，提高幅度相当于买方的转换成本。如果竞争对手也这样想，那么价格会远超出成本加转换成本。针对克伦姆佩勒（1987）所提出的两阶段模型，他们认为将吸引顾客和剥削顾客分离是不符合现实的，因此，他们提出了世代重叠寡头模型（overlapping-generations duopoly model），结果发现没有任何顾客基础的进入者定价会比现有企业更具侵略性，以此来吸引新顾客，下一个阶段中现有企业和新进入企业角色互换。在将该模型用于分析转换成本对进入壁垒的影响时发现，转换成本导致了过度进入，虽然集中于一个企业的生产更有效率、企业成本优势更明显，但是进入还是发生了。转换成本与规模经济共同构筑了进入壁垒。

森古普塔、克拉普费尔和普萨特瑞（Sengupta，Krapfel and Pusateri，1997）用里克特五点法衡量顾客转换成本，包括两个题项：一是找到其他供给者很困难；二是终结当前交易关系会面临低的转换成本。其中，第二个题项是逆题项。转换成本产生的最大因素是顾客投资的关系专用资产。顾客转换成本对企业主观绩效和客观绩效都有显著正向影响。巴克（2000）分析了转换成本在买卖双方动态关系中的作用，在质量不可缔约、卖方对产品质量保留私人信息的情况下，买方的转换成本提高了卖方在第二份合约中的讨价还价能力，但仍吸引买方在第一份合约中就改进质量发出一种信号。总效应是提升了效率，提高了买方福利。买方事后讨价还价能力是转换成本的函数。

关系专用投资和合约终止费用会产生转换成本。假设一个买者对应多个卖者，卖者的保留效用为零，卖者不存在转换成本。在信息对称的情况下，买者知晓卖者提供产品的质量，买者会将每期价格定在与边际成本相等的点。买者转换成本对筛选质量不起作用。在信息不对称的情况下，买方转换成本高，意味着买方可接受较高的价格。买方支付较高价格的意愿刺激卖者提供较好的产品和释放高质量产品信号，因此，在信息不对称的情况下，买方转换成本起到了筛选和识别的作用。

4. 转换收益

海尔莫（Hellmer，2010）提出了转换收益概念，表明转换交易的不对称性，以及转换交易有成本也有收益。被"套牢"的消费者不等于忠诚的消费者，他们只是没有办法改变现状。转换收益比转换成本更应被仔细研究。转换收益影响消费者"套牢"。替代灵活性被两个主要因素影响：一是其他产品的可获得性；二是产品间的转换成本。可获得性受到地理环境等因素影响。克伦姆佩勒（1995）提出了六种转换成本：磨合成本、交易费用、学习成本、不确定性、折扣损失、心理成本。这些成本多为不可以被直接观察的。夏尔（Shy，2001）用产品差异化程度表示转换成本。转换成本导致"套牢"到目前为止没有一致的结论，关于被"套牢"的消费者是好还是坏也没有一致的结论。从 A 到 B 的转换成本不同于从 B 到 A 的转换成本。原因在于消费者转换消费后的成本支出或所得效用不同。如果产品是同质的，那么从 A 到 B 的转换成本等于从 B 到 A 的转换成本。与转换成本相对的概念是转换收益（switching benefits），也是负转换成本。转换收益是瞬时收益，不可能长期存在。转换收益长期存在一定表明或者忠诚消费者存在、或者被"套牢"消费者存在。忠诚消费者是存在转换收益情况下仍愿意留在原系统内消费原产品的消费者。被"套牢"消费者是指不情愿地留在原系统内，由于市场失灵没有机会利用转换收益。市场失灵的典型例子是市场局限，消费者被局限在与某个供给者的交易上，而不能与其他竞争者交易。

转换收益有两个基本的解释，第一，忠诚的消费者对和谐、交易费用、学习成本、质量不确定性等的估价高于转换收益，所以忠诚；第二，消费者由于市场失灵而不能转换，所以被"套牢"。海尔莫对瑞典供暖市场进行了分析，发现由于市场失灵，消费者没有办法从区域供暖转向其他供暖设备，因此属于"套牢"，所以区域供暖利用了垄断地位，侵蚀了消费者福利。

4.2.2　转换成本对农业合约的影响

1. 替代交易费用的影响

假设某企业和某目标农户都是风险中性的，都处于规模报酬不变状态，他们之间的交易费用为零。在最终产品和中间品市场上，企业和农户都是价格的接受者，1 个最终产品需要 1 个中间品。企业的利润函数为：$\pi_q = \theta Q(V - P_c) + (1 - \theta)Q(V - P_m - \lambda_q)$，其中 $V = P - C_q$，即企业最终产品价值等于价格减去边际成本，Q 代表企业的产量。P_c 表示企业与目标农户的交易价格，P_m 表示企业面临的外部价格，λ_q 表示企业为实现预期目标与其他农户进行替代交易的费用。θ 代表企业与目标农户交易成功的预期概率。成交概率对企业利润的影响是为：

$$\frac{\partial \pi_q}{\partial \theta} = Q(V - P_c) - Q(V - P_m - \lambda_q) \tag{4.1}$$

当 $V - P_c \geqslant V - P_m - \lambda_q$ 时，$\dfrac{\partial \pi_q}{\partial \theta} \geqslant 0$，即：

$$\lambda_q \geqslant P_c - P_m \tag{4.2}$$

企业与目标农户交易概率的提高可以增加企业利润。所以，企业与其他农户进行替代交易的费用高于目标价格与外部价格之差，以合约方式提高与目标农户的成交概率是企业签订合约的原因。农户的利润函数是 $\pi_n = \psi Q(P_c - C_n) + (1 - \psi)Q(P_m - \lambda_n - C_n)$，其中 λ_n 代表农户与其他企业进行替代交易的费用，C_n 表示农户与目标企业交易的边际成本，ψ 表示农户与目标企业成功进行交易的概率。成交概率对农户利润的影响为：

$$\frac{\partial \pi_n}{\partial \psi} = Q(P_c - C_n) - Q(P_m - \lambda_n - C_n) \tag{4.3}$$

农户同意与企业签约的条件是农户与企业交易概率的提高可以增加农户利润，即：

$$\lambda_n \geqslant P_m - P_c \tag{4.4}$$

也就是说，农户进行替代交易的费用大于外部价格与目标价格之差，农户愿意签约。这解释了企业和农户签约的原因。此时，企业和农户的签约价格区间为：

$$P_c \in [P_m - \lambda_n, P_m + \lambda_q] \tag{4.5}$$

企业和农户替代交易费用越大，则企业和农户的签约价格区间越大，双方签约的可能性越大。

如果 $\lambda_q = \lambda_n = 0$，$P_c = P_m$，即企业和农户进行替代交易费用都是零时，合约价格等于外部价格，此时合约相当于空合约。$\lambda_q > 0$，$\lambda_n > 0$ 时，签约价格也有等于外部价格的可能，但此时的合约非空合约。$\lambda_q > 0$，$\lambda_n = 0$ 时，$P_c > P_m$；$\lambda_n > 0$，$\lambda_q = 0$，$P_c < P_m$。

2. 关系专用性成本的影响

上述模型假设了替代交易不影响企业价值，不影响农户的边际成本。关系专用性成本会改变买方价值和卖方成本。假如企业进行替代交易获得的价值是 $\bar{V}$，农户进行替代交易的边际成本是 $\bar{C}_n$。$\Delta V \equiv \bar{V} - V$，$\Delta C \equiv \bar{C}_n - C_n$。本书延续了威廉姆森（1985）提出的资产专用性的概念内涵，资产专用性是指为支撑某种具体交易而进行的耐久性投资，同时也包含了 GHM 模型和 BGM 模型的假设，即企业关系专用性成本会导致 $\Delta V < 0$，农户关系专用性成本会导致 $\Delta C > 0$。企业的利润函数是 $\pi_q = \theta Q(V - P_c) + (1 - \theta)Q(\bar{V} - P_m - \lambda_q)$，企业签约的条件是：

$$V - P_c \geq \bar{V} - P_m - \lambda_q \tag{4.6}$$

即：

$$\lambda_q \geq \Delta V + P_c - P_m \tag{4.7}$$

如果 $\Delta V > 0$，企业签约的条件式（4.7）比先前式（4.2）更高了；如果 $\Delta V < 0$，企业签约的条件式（4.7）比先前式（4.2）更低了；如果 $\Delta V = 0$ 时，企业签约的条件式（4.7）与先前式（4.2）相同。如果目标农户的产品对企业是专用的，或者企业的资产是专用于目标农户的，则 $\Delta V < 0$，那么企业会有更大的签约激励，以提高与目标农户成交的概率。

农户的利润函数为：$\pi_n = \psi Q(P_c - C_n) + (1 - \psi)Q(P_m - \lambda_n - \bar{C}_n)$。农户签约的条件为：

$$P_c - C_n \geq P_m - \lambda_n - \bar{C}_n \tag{4.8}$$

即：

$$\lambda_n \geq P_m - P_c - \Delta C \tag{4.9}$$

如果 $\Delta C < 0$，农户签约的条件式（4.9）比先前式（4.4）更高了；$\Delta C > 0$，农户签约的条件式（4.9）比先前式（4.4）更低了；$\Delta C < 0$ 农户签约的条件式（4.9）比先前式（4.4）更高了；$\Delta C = 0$，则农户签约的条件与先前相同。所以，如果农户的资产是专用于目标企业的，则 $\Delta C > 0$，那么农户会有更大的签约激励，以提高与目标企业成交的概率。此时，企业和农户的签约价格区间为：

$$P_c \in \left[P_m - \lambda_n - \Delta C,\ P_m + \lambda_q - \Delta V \right] \tag{4.10}$$

企业关系专用性成本越高，或农户关系专用性成本越高，都会扩大双方签约价格区间。当 $\lambda_q = \lambda_n = 0$ 时，如果 $\Delta C > 0$，$\Delta V > 0$，$P_c < P_m$；如果 $\Delta C < 0$，$\Delta V < 0$，$P_c > P_m$；如果 $\Delta C = 0$，$\Delta V = 0$，$P_c = P_m$。

假设 4.1：企业和农户替代交易费用越高，关系专用性成本越高，签约价格区间越大，签约的可能性越大。

4.3　讨价还价能力

产权理论认为，资产所有者具有更高的讨价还价能力，原因是资产所有者拥有合约不完全时的剩余控制权和索取权，拥有资产的一方可以以不交易来威胁另一方（蒋士成、费方域，2008）。如果考虑到双方外部交易的可能性和收益，特别是替代交易费用和关系专用性成本，谈判中的威胁点取决于双方替代交易费用大小和关系专用性成本高低时，资产所有者并不一定具有讨价还价优势。威廉姆森（1985）所提出的资产专用性概念表明替代交易对价值或成本的影响。杨瑞龙和杨其静（2001）指出了资产"专用性"与"专有性"的区别，"专用性"不但不是当事人分享组织租金的谈判力基础，而且它会削弱当事人的谈判力。"专有性"资源是指难以被替代的资源，它会增强所有者的谈判力。关系专用性成本和替代交易费用这两个变量代表了资产"专用性"与"专有性"的统一。下面以正式讨价还价模型来分析关系专用性成本和替代交易费用对讨价还价幅度的影响。

假设农户可通过讨价还价将合约价格提高 ΔP_n，企业叮通过讨价还价将合约价格降低 ΔP_q。最终的合约价格不能超出双方所能容忍的限度，应满足履约的条件。农户讨价还价后，企业仍履约的条件为：

$$V - P_c - \Delta P_n > \bar{V} - P_m - \lambda_q \tag{4.11}$$

即：

$$\Delta P_n < \Delta V + P_m - P_c + \lambda_q \tag{4.12}$$

农户讨价还价幅度随着企业替代交易费用和企业关系专用性成本的提高而

提高。企业讨价还价后，农户仍能履约的条件为：

$$P_c - \Delta P_q - C_n > P_m - \lambda_n - \bar{C}_n \tag{4.13}$$

即：

$$\Delta P_q < P_c - P_m + \Delta C + \lambda_n \tag{4.14}$$

企业讨价还价幅度随着农户替代交易费用和农户关系专用性成本的提高而提高。如果谈判是有效率的，根据纳什谈判解，企业期望收益为：

$$V - P_c = \bar{V} - P_m - \lambda_q + \frac{\Delta C_n - \Delta V + \lambda_q + \lambda_n}{2} \tag{4.15}$$

农户期望收益为：

$$P_c - C_n = P_m - \lambda_n - \bar{C}_n + \frac{\Delta C_n - \Delta V + \lambda_q + \lambda_n}{2} \tag{4.16}$$

由此可得出纳什谈判均衡解：

$$P_c = P_m - \frac{\Delta V}{2} - \frac{\Delta C}{2} + \frac{\lambda_q}{2} - \frac{\lambda_n}{2} \tag{4.17}$$

式（4.17）与霍特林模型得出的结论是一致的。从式（4.17）可以更清晰地看出，企业和农户讨价还价能力随着自身替代交易费用和关系专用性成本的提高而减弱，随着对方替代交易费用和关系专用性成本的提高而增强。当企业和农户的替代交易费用和关系专用性成本相同时，合约价格就等于市场价格。

假设4.2：企业和农户讨价还价能力是自身替代交易费用和关系专用性成本的减函数，是对方替代交易费用和关系专用性成本的增函数。

在转换成本与农业合约之间，有个重要的中介变量就是成交价格，农业合约产生的机制应是：转换成本→成交价格→农业合约。因为成交价格是交易双方关注的核心问题，成交价格落入了合约的自我实施区间，合约才能够顺利签订，并得到有效履行。从式（4.10）可以看出，如果转换成本所创造的成交价格区间很窄，顺利履行农业合约的难度非常大。转换成本之所有会导致有效农业合约的产生，关键在于成交价格的中介作用。所以我们提出假设4.3。

假设4.3：成交价格在转换成本与农业合约之间起显著的中介作用。

4.4　均衡条件

就现货市场与合约而言，企业无差异条件是 $V - P_c = \bar{V} - P_m - \lambda_q$，得 $P_c = P_m + \lambda_q - \Delta V$，农户无差异条件是 $P_c - C_n = P_m - \lambda_n - \bar{C}_n$，得 $P_c = P_m - \lambda_n - \Delta C$。整理得 $P_m + \lambda_q - \Delta V = P_m - \lambda_n - \Delta C$，即 $\lambda_q - \Delta V + \lambda_n + \Delta C = 0$。在 $\Delta V \leqslant 0$、$\Delta C \geqslant 0$ 的假设下，只有当企业和农户替代交易费用为零、关系专用性成本为零时，市场才与合约无差异。如果放松这个假设，该条件就不再是均衡的必要条件，而只是充分条件。当 $\Delta V \geqslant 0$、$\Delta C \leqslant 0$ 时，转换交易对象支付额外的替代交易费用，可获得转换收益，企业可增加价值，农户可减少成本，那么替代交费费用与关系专用性成本之间可相互抵消。即使替代交易费用大于零，关系专用性成本为负，均衡条件依然可以被满足。

这个结论挑战了已有的交易费用理论：交易方费用不为零、关系专用性成本不为零是导致合约产生的原因。转换成本的思想表明，在存在替代交易费用情况下，关系专用性成本为负，存在转换收益的情况下，替代交易费用与转换收益可相互抵消。因此，替代交易费用与关系专用性成本共同影响了合约的产生。而不是关系专用性成本导致交易费用过高，进而导致合约的产生。有交易费用情况下也可以选择市场，只要转换成本低，市场模式就是有效的；而转换成本高，市场模式就是失灵的。转换成本低到一定程度就转换为了转换收益，转换收益存在，市场就是更有效的方式，尽管与当期交易对象存在交易费用。所以，市场的有效与否与当前交易是否有交易费用无关，而是与转换成本有关。

4.5　研究方法与变量设置

4.5.1　研究方法

根据数理模型的结论，替代交易费用和关系专用性成本会对企业和农户的成交价格产生影响。农户选择合约的重要因素是成交价格。如图 4.1 所示，首先分析替代交易费用和关系专用性成本对合约价格的影响，然后再分析成交价格对农业合约产生的影响，最终得出关于农业合约产生机制的结论。

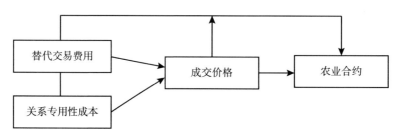

图 4.1　转换成本、成交价格与农业合约关系

　　以往研究多采用的是企业和农户的单方样本，我们关注的是企业和农户的交易，所以选用的是一笔交易中企业和农户双方的数据。样本数据取自发生交易关系的企业和农户，不是来自不相关的企业和农户。2014 年 5 月 1 日至 2014 年 10 月 15 日，我们对安徽省肥东县、怀远县、定远县，巢湖市居巢区、霍山县、六安县、当涂县、芜湖县、霍邱县 2013 年企业和水稻种植农户交易数据进行了抽样调查，向企业和农户发放问卷 1500 对，回收 1473 对，有效问卷 1285 对，问卷回收有效率 87.24%，样本来自 96 家企业、88 个村的 1285 个农户，其中 653 个农户与 48 家企业之间采用的是市场交易，198 个农户与 14 家企业签订了农业合约，96 个农户将土地流转给了 7 家企业；107 个农户与 8 家企业组建土地流转合作社，184 个农户与 15 家企业组建了营销合作社，47 个农户与 4 家企业组建了营销合作社，并签订了合约。为保障可比性，样本中每个企业和农户都只有一种组织形式。具体样本分布见表 4.1。本部分要比较市场与合约两种组织模式，因此采用了 653 个市场模式与 198 个合约模式样本，不包括合作社和纵向一体化形式。

表 4.1　　　　　　　　　　　　　不同组织形式分布

纯交易模式	市场	合约	纵向一体化
交易对象	653 个农户 （48 家企业）	198 个农户 （14 家企业）	96 个农户 （7 家企业）

续表

混合交易模式	营销合作社 + 市场	营销合作社 + 合约	纵向一体化 + 土地流转合作社
交易对象	184 个农户 （15 家企业）	47 个农户 （4 家企业）	107 个农户 （8 家企业）

4.5.2　变量设置

1. 因变量

（1）成交价格。

根据数理模型的分析，以市场价格为参照点，反映成交价格与市场价格的关系。调研中发现，水稻市场价格较为复杂，含水量、含杂量、出米率、品种等都会影响水稻的价格，特别是农户销售水稻的时间并不一致，不同时间销售价格也会有差异。以实际成交价格并不能完全真实反映出价格差异，更不能反映"溢价"特征。因此，以"成交价格高于市场价格 = 1""其他 = 0"表示因变量，较为合适。

（2）农业合约。

只考虑书面合约，签订了合约没有履约的等同于无效合约。因此，以"签订了合约并履约 = 1""其他 = 0"来测量农业合约。

2. 自变量

（1）企业替代交易费用。

转换成本较难直接观察和测算。可以从不同的角度观察某些费用的增加或减少，例如，从排队轮购的人数增加可以说明购买的时间费用会增加（张五常，2014）。

①同村种植农户数。霍特林（1929）指出交易费用与交易对象的分布有关，农户以村为聚居单位，企业先与最近的农户交易。企业替代交易费用不能以更换单个农户的交易费用来衡量，应以更换村庄的费用来衡量。霍布斯（1997）指出交易费用与特定市场环境下交易双方的数量有关，杨小凯、黄有

光（1999）也指出交易者规模很大的多边议价倾向下，每个交易者都可以选择与其他潜在交易者进行新的交易，"用脚投票"抑制了内生交易费用，"当足够大的人口规模集中在一个市场中进行多边议价时，市价可以无限趋近有效率的价格，但不会等于有效率的价格"。借鉴马文（Marvin，1991）用供给商数量反映交易费用的研究方法，以"村里种植农户数"表示企业替代交易费用。种植农户数指的是符合企业要求的种植农户数，不完全等同于同类作物种植农户数，有的企业指定种植品种，虽然种植水稻的农户很多，但种植企业指定品种的农户可能很少。

②企业采购量。为了反映不同企业替代交易费用的不同，我们引入了"企业年采购量"这个变量，规模与交易费用正相关（何一名、罗必良，2011），因此，企业采购量越大，替代交易费用就越高。企业采购量较大时，收购费用占总成本比例成为企业决策的重要影响因素之一，事前"圈定"目标农户，企业会尽可能提高与目标农户的成交概率，避免转向其他农户的费用。因此，企业采购量越大，企业规避替代交易费用的激励越大。

③运输距离。很多学者用运输距离表示两个交易者之间的交易费用（例如，蔡荣，2011），将农户由近至远排列，按每吨公里 1.5 元运费计算，如果每斤大米的利润为 0.1 元，水稻收购的运输边界大约是每吨 133 公里。运输距离越短的农户对企业越重要，企业与附近农户的当前交易费用较低，但企业的替代交易费用较高。所以，我们引入了"运输距离"表示企业替代交易费用的大小。

（2）农户替代交易费用。

农户替代交易费用的衡量与企业不同，农户可选择的交易对象有当前企业、小商贩、粮库（中储粮）和其他收购站等。交易费用主要包括运输费用、仓储费用、信息费用、检验费用。对农户不同交易对象的不同交易费用进行从低到高排序，依次为 1，2，3，4。表 4.2 显示了农户交易费测量的结果。可以看出，作为替代交易，农户与小商贩和其他买者的交易费用低于与当前企业的交易费用，农户与粮库的交易费用高于与当前企业的交易费用。农户与小商贩和其他买者的交易构成对企业的威胁点。

表 4.2　　　　　　　　　　　农户交易费用测量（均值与标准差）

项目	卖给该企业	卖给小商贩	卖给粮库（中储粮）	卖给其他买者
运输费用	1.0645（0.30956）	1.0088（0.09352）	3.9619（0.19177）	1.0909（0.44781）
仓储费用	1.0176（0.20215）	1.0088（0.12095）	1.0176（0.20215）	1.0088（0.16246）
信息费用	1.0088（0.12095）	1.0029（0.05415）	1.0264（0.28056）	1.0059（0.10831）
检验费用	1.0029（0.05415）	1.0117（0.1710）	3.9912（0.09352）	1.0176（0.22941）
总交易费用	4.0938（0.56098）	4.0323（0.32830）	9.9971（0.43045）	4.1232（0.63900）

注：括号内数字表示标准差。

（3）企业关系专用性成本。

①专用资产投资。根据威廉姆森（1985）对资产专用性的定义，以及马文（1991）对关系专用性两分法的测量，将关系专用性成本分为资产价值折损、交易价值折损和其他专项投入三种。资产价值折损是指改变资产用途之后价值会发生大额折损；交易价值折损是指改变交易对象之后会发生价值折损或成本增加；其他专项投入是指针对特定交易对象而进行的专项投入，虽不形成固定资产，但其收益会因改变交易对象而发生折损，甚至是完全消失。

周立群和曹利群（2002）认为企业投资建立工厂对农副产品进行深加工，可以起到专用性投资的效果，维持契约稳定性，因此，企业资产价值折损用"专门投资于该水稻的固定资产"表示，调研中发现投入固定资产较多的企业，如果没有充足的原粮，将会造成较严重的设备闲置和自然损耗，这符合资产价值折损的概念。

与收储企业相比，米业公司投入的专用资产较多，"专用性"表现为用途专用，特别是加工设备和烘干设备。与农户的关系专用性强弱不完全取决于"用途专用"资产投资的大小，极端的情况下，如果失去当前交易农户，企业找不到其他农户时，专用资产会发生最大额的折损。一般情况下，如果企业失去目标农户，收购距离超出"运输边界"，原粮供给不足，设备会存在"开工率"不足现象，这是较为常见的资产价值折损。单个农户对企业的影响是微弱的，专用资产投资不需要量化到单个农户，企业的关系专用，并不局限于某个农户，而是专用于目标农户这个群体。

②特定品种。交易价值折损用"农户是否种植由企业指定的品种"来测

量。企业指定农户种植特定品种水稻时，其他品种水稻不能完全替代该种水稻。一般情况下，企业会对粳稻和籼稻作大的分类，根据水稻的水分、长短、杂质等指标作不同的处理，没有特殊的品种要求。有些企业应下游客户要求，必须提供某类大米时，特定品种水稻作为"引致需求"而产生。如果在目标农户以外交易，企业将会产生价值折损，这也是 GHM 模型的含义，只不过企业所面临的农户不是一个，可能是很多户，所以这突破了 GHM 模型中对双边垄断的假定，共同之处是企业对目标农户的依赖性增强，有特定品种水稻需求的企业比没有该需求的企业会产生更高的关系专用性成本。

③参与生产管理。根据实地调研发现，有些企业针对特定农户，会对农户选种、播种方式、施药施肥、收割等提出要求，例如，品种不能混种，收割时杂质不能太多等，并会进行 3～5 次的"田检"，一是为了查看农户是否按要求进行种植，二是为了对生产进行技术指导。只要是在选种、播种方式、施药施肥、收割等环节上，有任一环节企业参与的，取值为"1"，任何环节企业均未参与的取值为"0"。因此，我们用"是否参与农户生产管理"作为其他专项投入的测试项。

（4）农户关系专用性成本。

①种植面积。水稻播种插秧后，很难改种其他作物，这是土地的"用途专用性"，不足以表明农户与企业的"关系专用性"。极端情况下，如果企业是唯一的买者，土地的"用途专用性"就等同于"关系专用性"。在农户有很多交易者可选择时，土地的"用途专用性"还在，但"关系专用性"下降了。一般情况下，企业附近的农户对企业的需求较为了解，会有针对性地选种，此时农户与企业的"关系专用性"较突出，离企业较远的农户，不将企业的需求作为选种的依据，可以将水稻卖给小商贩、收购站、粮库或企业，此时农户与企业的"关系专用性"较弱，因此，农户水稻种植面积这个变量与其他变量一同交互性发挥作用。

②农户成本变化。根据 GHM 模型，当农户选择其他买者时，成本增加，那么农户与当前买者的"关系专用性"就较强。就水稻种植户而言，成本变化表现在不同出售时间水稻自然损耗不同，从而成本会有所不同。如果企业与小商贩、收购站点、粮库相比，收购时间早得多，农户成本变化就会较大，农户与企业的"关系专用性"就较强。

③农户专项投入。农户的专项投入，并不都能形成资产，但其价值会因转换交易对象而消失，如种子投入增加了田间管理投入等。

3. 控制变量

选取了企业和农户特征变量作为控制变量。

（1）企业注册资本。注册资本可能体现企业的经营规模。但是企业注册资本与固定资产投资不同，企业注册资本较为固定，固定资产投资是变化的。

（2）企业经营范围。经营范围分为两种：加工类和销售类。加工类企业以水稻为原料，进行深加工；销售类企业以收购水稻和出售水稻为主营业务。一般而言，原材料对于加工类企业更为重要，确保原粮的需求更为迫切。

（3）农户户主年龄。农户户主年龄越大，替代交易费用的影响越大，就近销售成为他们的主要选择，而价格的影响可能不大。

（4）农户文化程度。农户文化程度越高，信息来源越广，对合约等事物接受度越高。

（5）农户年净收入。农户净收入越高，保留收益越大，讨价还价能力越强。

表 4.3 为变量定义和描述统计。

表 4.3　　　　　　　　　　变量定义与描述统计

变量名称		变量定义	均值	标准差
因变量	成交价格	高于市场价格 =1；其他 =0	0.2866	0.45291
	农业合约	签订合约并履约 =1；其他 =0	0.2862	0.45270
自变量		企业替代交易费用		
	企业年采购量	企业当年水稻采购量（万吨）	3.846001	9.2638780
	同村种植农户数	村里符合企业要求的种植农户数（户）	198.1830	192.02437
	运输距离	企业与农户的最近运输距离（公里）	21.9800	51.6302
		农户替代交易费用		
	农户与小商贩的交易费用	农户与小商贩交易费用排序加总	4.0323	0.32830
	农户与粮库的交易费用	农户与粮库交易费用排序加总	9.99971	0.43045

续表

变量名称		变量定义	均值	标准差
自变量	农户与其他买者的交易费用	农户与其他买者交易费用排序加总	4.1232	0.63900
	企业关系专用性成本			
	企业专用资产投资	企业投资于水稻的固定资产（万元）	1552.1317	1901.27193
	特定品种	农户种植企业指定的品种＝1；其他＝0	0.2772	0.44837
	生产管理	参与生产管理＝1；不参与生产管理＝0	0.0323	0.17694
	农户关系专用性成本			
	农户种植面积	一年内水稻种植面积（亩）	40.2664	54.06080
	农户成本变化	与其他买者交易成本增加＝1；其他＝0	0.0504	0.21919
	农户专项投入	应企业要求进行的专项投入（万元）	0.0738	0.20521
控制变量	企业注册资本	注册资本（万元）	1117.5836	2590.04485
	企业经营范围	水稻加工＝1；销售＝0	0.4663	0.499590
	农户户主年龄	户主在2013年的年龄（岁）	50.3021	11.40055
	农户户主文化程度	小学及以下＝1；初中＝2；高中或中专＝3；大专及以上＝4	1.7830	0.55820
	农户年净收入	家庭年净收入（万元）	4.3935	3.02720

数据来源：根据调研数据整理而得。

　　表4.4是62家企业的描述统计表，包括水稻加工企业和销售企业，注册资本在10万元以下、员工人数在10人以下、年销售额在10万以下的小微企业占一定比例，40.8%的企业位于村里。

表4.4　　　　　　　　　　　　企业经营数据描述统计

统计项目	统计指标	频率（%）	统计项目	统计指标	频率（%）
注册资本	5万元以下	9.1	员工人数	10人以下	34.3
	6万~10万元	14.2		10~30人	27.4
	11万~50万元	7.4		30~50人	28.6
	50万~100万元	3.8		50~100人	1.3
	100万元以上	65.5		100人以上	8.5

统计项目	统计指标	频率（%）	统计项目	统计指标	频率（%）
企业区位	市区	8.7	年销售额	10 万元以下	23
	县内	4.5		10 万 ~ 50 万元	7.4
	乡镇	45.8		50 万 ~ 100 万元	2.5
	村里	40.8		100 万元以上	67.1

资料来源：根据调研数据整理而得。

4.5.3　实证分析结果

由于要分析成交价格在转换成本与农业合约之间的中介作用，因此我们采用了结构方程模型进行分析，运用 AMOS 21.0 进行了模型参数估计。结果如表4.5 和表4.6 所示。

表 4.5　　　　　　　转换成本对成交价格和农业合约的直接效应模型

变量		成交价格		农业合约	
		路径系数	标准误差	路径系数	标准误差
自变量					
企业替代交易费用	企业采购量	0.009 ***	0.002	0.002 ***	0.000
	同村种植农户数	− 0.004 ***	0.001	− 0.001 ***	0.000
	运输距离	− 0.002 ***	0.000	0.002 ***	0.000
农户替代交易费用	农户与小商贩的交易费用	− 0.010	0.037	0.022	0.020
	农户与粮库的交易费用	− 0.143 ***	0.038	0.047	0.021
	农户与其他买者的交易费用	− 0.090 ***	0.025	0.059 ***	0.013
企业关系专用性成本	企业专用资产投资	0.000	0.000	0.001 ***	0.000
	特定品种	0.492 ***	0.037	0.563 ***	0.023
	生产管理	0.105	0.068	0.079	0.037

续表

变量		成交价格		农业合约	
		路径系数	标准误差	路径系数	标准误差
农户关系专用性成本	农户种植面积	0.002	0.005	0.001	0.001
	农户成本变化	−0.074	0.061	0.058	0.033
	农户专项投入	0.507 ***	0.069	0.075	0.040
	成交价格	—	—	0.359 ***	0.023
控制变量	企业注册资本	0.000	0.000	0.001 ***	0.000
	企业经营范围	0.158 ***	0.029	0.131 ***	0.016
	农户户主年龄	0.001	0.001	0.028 ***	0.004
	农户户主文化程度	0.003	0.027	0.021	0.014
	农户年净收入	0.10	0.004	0.002	0.002
CMIN		2853.191			
P		0.000			

注：*** 代表显著水平为 0.01。

表 4.6　　成交价格在转换成本与农业合约之间的中介作用

转换成本		直接效应	间接效应	总效应	成交价格中介作用
企业替代交易费用	企业采购量	0.002	0.0032	0.0052	显著
	同村种植农户数	−0.001	−0.0014	−0.0054	显著
	运输距离	0.002	−0.0007	0.0013	不显著
农户替代交易费用	农户与小商贩的交易费用	0.022	−0.0035	0.0185	不显著
	农户与粮库的交易费用	0.047	−0.0513	0.0043	不显著
	农户与其他买者的交易费用	0.059	−0.0323	0.0267	不显著
企业关系专用性成本	企业专用资产投资	0.001	0	0.001	不显著
	特定品种	0.563	0.1766	0.7396	不显著
	生产管理	0.079	0.0376	0.1166	不显著

续表

转换成本		直接效应	间接效应	总效应	成交价格中介作用
农户关系专用性成本	农户种植面积	0.002	0.0007	0.0027	不显著
	农户成本变化	0.058	−0.0266	0.0314	不显著
	农户专项投入	0.075	0.1820	0.257	显著

注：根据结构方程估计结果计算得出。

1. 成交价格模型

从企业采购量、同村种植农户数、运输距离、特定品种的系数来看，企业转换成本对成交价格有显著影响，体现在企业替代交易费用越大、关系专用性成本越高，成交价格越高。农户替代交易费用对成交价格起到了抑制作用，农户与小商贩和其他买者的交易费用都很低，这也为农户讨价还价能力提供了支撑。此外，农户专项投入并未像我们预期的那样，对成交价格产生负向影响，而是呈现出了显著正向影响。这可能是因为，种植企业指定品种水稻，或对企业有专项投入的农户，更能符合企业的要求，增强了企业对农户的依赖性，企业愿意出高价收购，另外，农户很容易将这些水稻当作一般水稻进行销售，这些因素导致农户的专项投入没能消弱农户的讨价还价能力。

2. 农业合约模型

从农业合约模型可以看出，成交价格对农业合约的产生有显著正向影响，成交价格越高，农业合约越可能达成。这个结果表明成交价格对农业合约是否真正达成十分重要。这也解释了农户违约率高的原因，在被问到"如果有出价更高的买者，你是合会违约"时，75.7%的签约农户回答"会"。可见，成交价格是影响农户选择交易对象的非常重要的因素。

从转换成本对农业合约的影响来看，企业采购量、同村种植农户数、企业专用资产投资、特定品种等变量对农业合约都有显著影响。表明企业替代交易费用和企业关系专用性成本对农业合约有显著影响。其中"生产管理"也呈现正向影响。这些都表明企业主导着农业合约。调研统计发现，100%的合约均由企业发起和提供。这也说明企业利用合约规避转换成本的动机较为明显。

"运输距离"并未像预期的那样，对农业合约产生负向影响，而是产生了显著的正向影响。这可能是因为，远距离的农户，更需要用合约来提高成交概率，避免带来更远距离收购的运输费用；近距离农户，成交概率更大，采用合约来提高成交概率的必要性降低。另外，我们研究的合约是书面合约，不包括口头合约，近距离农户与企业能够形成较为固定的隐性合约，不需要书面合约。

3. 成交价格的中介作用

一般来说，当间接效应大于直接效应时，该变量的中介作用显著（荣泰生，2009）。从表4.6可以看出，成交价格在转换成本与农业合约之间的中介作用的显著情况。企业替代交易费用在成交价格与农业合约之间发挥着显著的中介作用。它厘清了转换成本–成交价格–农业合约的传导机制。

4.5.4　结论与政策建议

根据实证分析结果，可得出以下结论：

第一，农业合约的主导方在企业。企业转换成本高是农业合约产生的主要原因，较高的成交价格是农户加入农业合约并履行合约的前提条件。农户转换成本较低，不需要用合约来稳定交易关系，但对企业构成了威胁点，调查样本中合约100%由企业提供，这也说明了企业是农业合约的主导方。

第二，价格是农业合约中的核心要素。农户最关心的是价格，"谁出价高就卖给谁"。企业转换成本越高，成交价格越高，对农户吸引力越大，合约因此产生，这解释了农业合约的产生机理，即使产品同质，只要存在转换成本并存在合理的履约价格区间，合约就有可能产生。

第三，规模较大、特色较强的企业对农民带动作用较大。龙头企业促进农民增收的原理之一是，企业投资规模越大、特色越强、对农户依赖程度越高，转换成本越高，因此越需要事前"圈定交易对象"，不能通过市场进行随机交易，企业溢价收购的可能越大，农户受益越大。

第四，在农户交易对象中，与粮库（中储粮）的交易费用是最高的。与小商贩和其他买者的交易费用是最低的。这解释了现实中很多农户没有将粮食卖给粮库（中储粮）的原因，同时也说明交易费用较低是农户获得溢价的前提条件，否则农户将遭到"压价"。

根据以上结论，本章提出以下政策建议：

首先，政府应根据农产品特点推出产业化优惠政策，实现精准扶持，有效促进农民增收、脱贫。不能简单地以企业固定资产总额、销售额、生产规模等指标作为"龙头"企业的评判标准，而应注重企业促进农民增收的实际作用。重视粮食产业的纵深发展，积极鼓励企业就传统农产品原料，发展特色产品深加工业务，如针对婴幼儿米粉的水稻加工业务，这类项目能使农民在低风险状态下提高收入。

其次，着重对转换成本高的企业或项目给予优惠政策。这类企业或项目遭遇农户违约的可能性较大，存在溢价收购压力，由此导致企业缺乏投资积极性，难以打破农民进一步增收瓶颈。

最后，政府不能盲目推动"订单农业"工程，企业和农户只有相互需要时关系才是最紧密的，转换成本较低的一方违约的可能性较大，政府可将重点放在企业转换成本较高的产业化项目上，支持企业通过价格机制吸引农户参与，从产业发展和农民增收双重目标出发推动发展产业化项目。

第 5 章 转换成本视角下纵向一体化与合约的比较分析

随着企业和农户转换成本的增加，纵向一体化是否比合约更能解决转换成本问题，纵向一体化是农业合约的高级形式吗？农业合约发展的方向是否是企业最终拥有土地的使用权？关于这些问题，交易费用理论代表人物克雷恩等（1978）认为进行专用性投资后，会产生可占用性准租金，机会主义行为产生的可能性就较大，合约与一体化是解决这一问题的两种方法，随着资产专用性程度的提高，签约成本也会逐渐增加并超过纵向一体化的成本，此时纵向一体化被认为是更为经济的方法。威廉姆森（1985）也指出，随着资产专用性程度不断加强，市场签约就让位于双边约定，而后者随之又被统一的合约（内部组织）所取代。所以纵向一体化被认为是合约的高级形式。

然而，阿洪等（Aghion et al.，2006）指出，竞争与一体化之间是"U型"关系，阿西莫格鲁等（Acemoglu et al.，2009）通过对 93 个国家的 75000 家企业进行研究发现，签约费用对纵向一体化没有显著影响，纵向一体化与交易费用并不完全是直线关系。格鲁斯曼和哈特（1986）以及哈特和穆尔（1990）提出的 GHM 模型指出，纵向一体化也会产生事前投入激励扭曲现象。

本章从转换成本的视角，对纵向一体化与合约、市场之间的关系进行研究，从企业和农户双边利益角度回答纵向一体化实现的条件，以及与市场和合约的关系。

5.1　基于转换成本的纵向一体化模型

5.1.1　静态比较分析模型

拥有资产一方拥有外部交易权和收益权（Maskin and Tirole，1999）。不同于"在缺乏有关条款时，每一项资产的所有者具有有关资产的控制权"（Grossman and Hart，1986）。GHM 模型是在一个"双边垄断"的市场结构下展开的。

基尔默（1986）将纵向一体化界定为通过所有权配置将交易内化的过程。外部市场的缺陷导致了一体化。企业实施一体化后，利润函数为 $\pi_q = Q(V - C_n)$，假设纵向一体化并没有改变农业生产边际成本，也未改变企业最终产品的价值。农户的收入函数为 $\pi_n = W$，包括租金收入和其他非农收入。当合约价格为 $P_c = P_m - \dfrac{\Delta V}{2} - \dfrac{\Delta C}{2} + \dfrac{\lambda_q}{2} - \dfrac{\lambda_n}{2}$ 时，考虑关系专用性因素，当 $\Delta V < 0$，$\Delta C > 0$ 时，$\lambda_q - \Delta V + \lambda_n + \Delta C > 0$，企业一体化的条件为 $V - C_n \geqslant V - P_m + \dfrac{\Delta V}{2} + \dfrac{\Delta C}{2} - \dfrac{\lambda_q}{2} + \dfrac{\lambda_n}{2}$，即：

$$\lambda_q - \lambda_n - \Delta V - \Delta C \geqslant 2C_n - 2P_m \tag{5.1}$$

从式（5.1）中可以看出，企业自己的转换成本越高，其越倾向于纵向一体化；农户的转换成本越高，企业越倾向于选择合约。

农户一体化的条件是 $W \geqslant P_m - \dfrac{\Delta V}{2} - \dfrac{\Delta C}{2} + \dfrac{\lambda_q}{2} - \dfrac{\lambda_n}{2} - C_n$，即：

$$\lambda_q - \lambda_n - \Delta V - \Delta C \leqslant 2W + 2C_n - 2P_m \tag{5.2}$$

从式（5.2）中可以看出，农户自己的转换成本越高，其越倾向于选择纵向一体化；企业的转换成本越高时，农户越倾向于选择合约。

纵向一体化是企业和农户双方选择的结果，不是一方能够决定的。企业要有承租土地的意愿，农户要有转包土地的意愿，两者缺一不可。从式（5.1）

和式（5.2）可以看出，转换成本高的一方更倾向于纵向一体化，转换成本低的一方更倾向于合约。综合企业和农户一体化的条件是：

$$2C_n - 2P_m \leqslant \lambda_q - \lambda_n - \Delta V - \Delta C \leqslant 2W + 2C_n - 2P_m, \quad W \geqslant 0 \qquad (5.3)$$

从式（5.3）可以看出，纵向一体化优于合约的条件是，企业与农户转换成本之差在一定的范围之内。如果企业转换成本与农户转换成本之差大于上限，农户不愿意转包土地，因为农户选择合约更有利。如果企业转换成本与农户转换成本之差小于下限，企业不愿意承租土地，原因也是合约对企业更为有利。

5.1.2 博弈分析模型

如图 5.1 所示，假设某区域水稻市场内上游有两组农户，分别为农户组 1 和农户组 2。下游有两家企业，分别为企业 1 和企业 2。农户组 1 放弃企业 1 转向企业 2 的转换成本为 S_n，企业 1 放弃农户组 1 转向农户组 2 的转换成本为 S_2。下游市场需求函数为 $P = A - BQ$，$Q = (Q_1 + Q_2)$。其中，P 代表最终市场价格，Q 代表最终产品数量。

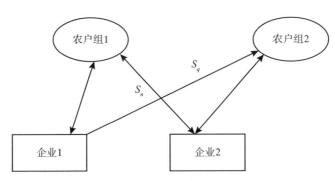

图 5.1 企业与农户交易关系

企业 1 和企业 2 都可选择与农户组 1 或农户组 2 进行纵向一体化。为了比较分析纵向一体化与市场交易的不同，我们先来看看市场交易模式下企业和农户的利润情况。

1. 市场交易模式下的企业和农户利润分析

如果不存在转换成本，合约价格就等于市场价格，即 $P_c = P_m$，市场价是企业和农户组面对的唯一价格。企业与农户组都接受市场价。那么企业利润函数可表示为：

$$\pi_{q1} = (P - P_m)Q_1 \tag{5.4}$$

$$= [A - B(Q_1 + Q_2) - P_m]Q_1 \tag{5.5}$$

$$= AQ_1 - BQ_1^2 - BQ_2Q_1 - P_mQ_1 \tag{5.6}$$

最终市场价格同时受到两家企业产量的影响。任何一家企业的利润都受到另一家企业产量的影响。两家企业利润最大化的条件是相同的，即：

$$\frac{\partial \pi_{q1}}{\partial Q_1} = A - 2BQ_1 - BQ_2 - P_m = 0 \tag{5.7}$$

解得，$Q_1 = \dfrac{A - BQ_2 - P_m}{2B}$。两家企业存在对应关系，所以相对应地，$Q_2 = \dfrac{A - BQ_1 - P_m}{2B}$。如果一个最终产品需要一个中间产品投入，那么上游市场产品的需求函数就是：

$$Q_1 + Q_2 = \frac{2A - 2P_m - BQ_2 - BQ_1}{2B} \tag{5.8}$$

也可写作：

$$P_m = A - \frac{3}{2}BQ_1 - \frac{3}{2}BQ_2 \tag{5.9}$$

农户组的利润是：

$$\pi_{n1} = P_mQ_1 \tag{5.10}$$

$$= \left(A - \frac{3}{2}BQ_1 - \frac{3}{2}BQ_2\right)Q_1 \tag{5.11}$$

$$= AQ_1 - \frac{3}{2}BQ_1^2 - \frac{3}{2}BQ_1Q_2 \tag{5.12}$$

农户组利润最大化条件是：

$$\frac{\partial \pi_{n1}}{\partial Q_1} = A - 3BQ_1 - \frac{3}{2}BQ_2 = 0 \tag{5.13}$$

根据对称性，解得 $Q_1 = \dfrac{A}{3B} - \dfrac{1}{2}Q_2$，$Q_2 = \dfrac{A}{3B} - \dfrac{1}{2}Q_1$。得 $Q_1 = Q_2 = \dfrac{2A}{9B}$，

$Q_1 + Q_2 = \dfrac{4A}{9B}$。$A$ 和 B 标准化为 1 后，$Q_1 = Q_2 = \dfrac{2}{9}$，$P_m = \dfrac{1}{3}$，$P = \dfrac{5}{9}$，$\pi_q = \dfrac{4}{81}$，

$\pi_n = \dfrac{2}{27}$。

2. 合约下企业和农户的利润分析

如果存在转换成本，市场价格与合约价格就会有偏差。假设企业与农户组的讨价还价是有效率的，并且企业 1 与农户组 1 以合约方式交易，企业 2 与农户组 2 以市场方式交易。企业 1 的利润函数为：

$$\pi_{q1} = (P - P_c) \cdot Q_1 \tag{5.14}$$

P_c 是企业 1 和农户组 1 签订的合约价格，有 $P_c = P_m + \dfrac{S_q}{2} - \dfrac{S_n}{2}$，其中 P_m 是上游产品市场价格。

企业的利润函数是：

$$\pi_{q1} = (P - P_c)Q_1 \tag{5.15}$$

$$= AQ_1 - BQ_1^2 - BQ_1Q_2 - P_mQ_1 - \frac{S_q}{2}Q_1 + \frac{S_n}{2}Q_1 \tag{5.16}$$

企业利润最大化条件是：

$$\frac{\partial \pi_{q1}}{\partial Q_1} = A - 2BQ_1 - BQ_2 - P_m - \frac{S_q}{2} + \frac{S_n}{2} = 0 \tag{5.17}$$

解得，$Q_1 = \dfrac{A - BQ_2 - P_m - \dfrac{S_q}{2} + \dfrac{S_n}{2}}{2B}$。

企业 2 与农户组 2 采用市场价 P_m，企业 2 的利润函数为：

$$\pi_{q2} = (P - P_m)Q_2 \tag{5.18}$$

$$= \left[A - B(Q_1 + Q_2) - P_m \right] Q_2 \tag{5.19}$$

利润最大化条件是：

$$\frac{\partial \pi_{q2}}{\partial Q_2} = A - BQ_1 - 2BQ_2 - P_m = 0 \tag{5.20}$$

解得 $Q_2 = \dfrac{A - P_m - BQ_1}{2B}$。

假设一个下游产品对应一个上游产品，那么 $Q_1 + Q_2 = \dfrac{A - BQ_2 - P_w - \frac{S_q}{2} + \frac{S_n}{2}}{2B} + \dfrac{A - P_w - BQ_1}{2B}$，整理得：

$$P_m = 1 - \frac{3}{2}Q_1 - \frac{3}{2}Q_2 - \frac{S_q}{4} + \frac{S_n}{4} \tag{5.21}$$

式（5.21）为水稻种植户面临的需求函数。其中 A、B 标准化为 1。

农户组 1 的利润函数为 $\pi_{n1} = P_c Q_1 = \left(P_m + \frac{S_q}{2} - \frac{S_n}{2}\right)Q_1$，将 P_m 带入此式得：

$$\pi_{n1} = Q_1 - \frac{3}{2}Q_1 Q_2 - \frac{3}{2}Q_1^2 + \frac{1}{4}S_q Q_1 - \frac{1}{4}S_n Q_1 \tag{5.22}$$

农户组 1 的利润最大化条件为：

$$\frac{\partial \pi_{n1}}{\partial Q_1} = 1 - \frac{3}{2}Q_2 - 3Q_1 + \frac{1}{4}S_q - \frac{1}{4}S_n = 0 \tag{5.23}$$

解得 $Q_1 = \frac{1}{3} - \frac{1}{2}Q_2 + \frac{S_q}{12} - \frac{S_n}{12}$。

农户组 2 的利润函数是 $\pi_{n2} = P_m Q_2 = \left(1 - \frac{3}{2}Q_2 - \frac{3}{2}Q_1 + \frac{1}{4}S_q - \frac{1}{4}S_n\right)Q_2$，利润最大化条件是：

$$\frac{\partial \pi_{n2}}{\partial Q_2} = 1 - 3Q_2 - \frac{3}{2}Q_1 - \frac{1}{4}S_q + \frac{1}{4}S_n = 0 \tag{5.24}$$

由此可得，$Q_2 = \frac{1}{3} - \frac{1}{2}Q_1 - \frac{S_q}{12} + \frac{S_n}{12}$。解得 $Q_1 = \frac{2}{9} + \frac{1}{6}S_q - \frac{1}{6}S_n$，$Q_2 = \frac{2}{9} - \frac{1}{6}S_q + \frac{1}{6}S_n$。$P_m = \frac{1}{3} - \frac{1}{4}S_q + \frac{1}{4}S_n$，市场价格会随着企业转换成本上升而下降，随着农户转换成本上升而上升。$P = A - BQ = 1 - Q = \frac{5}{9}$。$P_c = \frac{1}{3} + \frac{1}{4}S_q - \frac{1}{4}S_n$，合约价格会随着企业转换成本上升而上升，随着农户转换成本上升而下降。企业 1 的利润是 $\pi_{q1} = \frac{4}{81} - \frac{1}{54}S_q + \frac{1}{54}S_n - \frac{1}{24}(S_q - S_n)^2$，随着自身转换成本

增加，企业 1 利润会减少；随着农户转换成本增加，企业 1 利润会增加。企业 2 的利润是 $\pi_{q2} = \dfrac{4}{81} + \dfrac{1}{54}S_q - \dfrac{1}{54}S_n - \dfrac{1}{24}(S_q - S_n)^2$，企业 2 的利润会随着企业 1 转换成本增加而增加，随着农户 1 转换成本增加而减少。农户组 1 的利润是 $\pi_{n1} = \dfrac{2}{27} + \dfrac{1}{9}S_q - \dfrac{1}{9}S_n + \dfrac{1}{24}(S_q - S_n)^2$，随着企业 1 转换成本增加而增加，随着自身转换成本增加而减少。农户组 2 的利润是 $\pi_{n2} = \dfrac{2}{27} - \dfrac{1}{9}S_q + \dfrac{1}{9}S_n + \dfrac{1}{24}(S_q - S_n)^2$，会随着企业 1 转换成本增加而减少，随着农户 1 转换成本增加而增加。

3. 有转换成本的企业与有转换成本的农户纵向一体化

纵向一体化下，企业承租土地，农户转包土地。企业 1 与农户组 1 纵向合并，企业转包农户组 1 的土地。企业 1 的利润函数是：

$$\pi_{q1} = (P - 0)Q_1 \tag{5.25}$$
$$= [A - B(Q_1 + Q_2)]Q_1 \tag{5.26}$$
$$= AQ_1 - BQ_1^2 - BQ_1Q_2 \tag{5.27}$$

这里假设边际成本为零，企业 1 利润最大化条件是：

$$\frac{\partial \pi_{q1}}{\partial Q_1} = A - 2BQ_1 - BQ_2 = 0 \tag{5.28}$$

解得 $Q_1 = \dfrac{A - BQ_2}{2B}$。企业 2 与农户 2 交易，两者都没有转换成本。企业 2 的利润函数是：

$$\pi_{q2} = (P - P_m)Q_2 \tag{5.29}$$
$$= [A - B(Q_1 + Q_2) - P_m]Q_2 \tag{5.30}$$
$$= AQ_2 - BQ_1Q_2 - BQ_2^2 - P_mQ_2 \tag{5.31}$$

企业 2 的利润最大化条件是：

$$\frac{\partial \pi_{q2}}{\partial Q_2} = A - BQ_1 - 2BQ_2 - P_m = 0 \tag{5.32}$$

由此可得，农户组 2 的产量是 $Q_2 = \dfrac{A - P_m - BQ_1}{2B}$。农户组 2 的产量对市场价格的影响关系是，$P_m = A - BQ_1 - 2BQ_2$。

农户组 1 收入函数是 $\pi_{n1} = W$，农户组 2 的利润函数为：

$$
\begin{aligned}
\pi_{n2} &= P_m Q_2 \tag{5.33}\\
&= (A - BQ_1 - 2BQ_2) Q_2 \\
&= AQ_2 - BQ_1 Q_2 - 2BQ_2^2
\end{aligned}
$$

农户组 2 利润最大化条件是：

$$
\frac{\partial \pi_{n2}}{\partial Q_2} = A - BQ_1 - 4BQ_2 = 0 \tag{5.34}
$$

A 和 B 标准化为 1，解得 $Q_1 = \dfrac{3}{7}$，$Q_2 = \dfrac{1}{7}$，$P_m = \dfrac{2}{7}$，$P = \dfrac{3}{7}$。$\pi_{q1} = \dfrac{9}{49}$，$\pi_{q2} = \dfrac{1}{49}$。$\pi_{n1} = W$，$\pi_{n2} = \dfrac{2}{49}$。由此可以看出，有转换成本的企业和有转换成本的农户实施一体化后，企业和农户的决策都不会受到转换成本的影响。

4. 无转换成本的企业与有转换成本的农户纵向一体化

企业 2 与农户组 1 纵向合并。企业 1 与农户组 2 交易，企业 1 存在转换成本。企业 2 的利润函数是 $\pi_{q2} = PQ_2 = [A - B(Q_1 + Q_2)]Q_2 = AQ_2 - BQ_1 Q_2 - BQ_2^2$，企业 2 的利润最大化条件是：

$$
\frac{\partial \pi_{q2}}{\partial Q_2} = A - BQ_1 - 2BQ_2 = 0 \tag{5.35}
$$

解得 $Q_2 = \dfrac{A - BQ_1}{2B}$。

企业 1 利润函数是：

$$
\begin{aligned}
\pi_{q1} &= (P - P_m - S_q) Q_1 \tag{5.36}\\
&= [A - B(Q_1 + Q_2) - P_m - S_q] Q_1 \\
&= AQ_1 - BQ_1^2 - BQ_1 Q_2 - P_m Q_1 - S_q Q_1
\end{aligned}
$$

企业 1 利润最大化条件是：

$$
\frac{\partial \pi_{q1}}{\partial Q_1} = A - 2BQ_1 - BQ_2 - P_m - S_q = 0 \tag{5.37}
$$

解得，$Q_1 = \dfrac{A - BQ_2 - P_m - S_q}{2B}$。企业 1 的产量受到上游产品价格的影响，也受到企业自身转换成本的影响，同时还受到企业 2 产量的影响。企业 1 自身转换成本越高，其产量越小。农户组 1 将土地转包给企业 2 后，收入函数为 $\pi_{n1} = W$，农户组 2 与企业 1 交易，以市场价格为准，$\pi_{n2} = P_m Q_1 = AQ_1 - BQ_1 Q_2 - S_q Q_1 - 2BQ_1^2$，农户组 2 利润最大化条件是：

$$\frac{\partial \pi_{n2}}{\partial Q_1} = A - BQ_2 - S_q - 4BQ_1 = 0 \tag{5.38}$$

可得 $Q_1 = \dfrac{A - BQ_2 - S_q}{4B}$，$Q_2 = \dfrac{A - BQ_1}{2B}$。解得，$Q_1 = \dfrac{1}{7} - \dfrac{2}{7} S_q$，$Q_2 = \dfrac{3}{7} + \dfrac{1}{7}$ S_q。企业 1 转换成本越大，其产量越小，企业 2 的产量则越大。$P_m = \dfrac{2}{7} - \dfrac{4}{7} S_q$，企业 1 与农户组 2 交易时，企业 1 的转换成本越大，则越会使上游产品市场价格下降，影响机理是转换成本高导致最终产品产量下降，进而导致对上游产品的引致需求下降，最终导致上游产品价格下降。$P = \dfrac{3}{7} + \dfrac{1}{7} S_q$，企业 1 转换成本上升会拉高最终产品价格。企业 1 的利润为 $\pi_{q1} = \left(\dfrac{1}{7} - \dfrac{2}{7} S_q \right)^2$，企业 2 的利润为 $\pi_{q2} = \left(\dfrac{3}{7} + \dfrac{1}{7} S_q \right)^2$。农户组 2 的利润为 $\pi_{n2} = W$，农户组 1 的利润为 $\pi_{n1} = 2 \left(\dfrac{1}{7} - \dfrac{2}{7} S_q \right)^2$。

5. 无转换成本的企业与无转换成本的农户纵向一体化

若企业 2 与农户组 2 纵向合并，就是无转换成本的企业与无转换成本的农户纵向一体化。

企业 2 的利润是 $\pi_{q2} = PQ_2 = [A - B(Q_1 + Q_2)] Q_2 = AQ_2 - BQ_1 Q_2 - BQ_2^2$，利润最大化条件是：

$$\frac{\partial \pi_{q2}}{\partial Q_2} = A - BQ_1 - 2BQ_2 = 0 \tag{5.39}$$

解得 $Q_2 = \dfrac{A - BQ_1}{2B}$。企业 1 的利润是 $\pi_{q1} = (P - P_m - S_q) Q_1$，企业 1 利润最大化条件是：

$$\frac{\partial \pi_{q1}}{\partial Q_1} = A - 2BQ_1 - BQ_2 - P_m - S_q = 0 \tag{5.40}$$

解得 $Q_1 = \dfrac{A - BQ_2 - P_m - S_q}{2B}$。$P_m = A - BQ_2 - 2BQ_1 - S_q$。农户组 2 的收入函数是 $\pi_{n2} = W$。农户组 1 的利润是 $\pi_{n1} = (P_m - S_n)Q_1$，将 P_m 带入得 $\pi_{n1} = AQ_1 - BQ_1Q_2 - 2BQ_1^2 - S_qQ_1 - S_nQ_1$。农户组 1 的利润函数是：

$$\frac{\partial \pi_{n1}}{\partial Q_1} = A - BQ_2 - 4BQ_1 - S_q - S_n = 0 \tag{5.41}$$

得到农户组 1 产量与企业转换成本及自身转换成本关系是 $Q_1 = \dfrac{A - BQ_2 - S_q - S_n}{4B}$。无论是企业转换成本还是自身转换成本都会使农户组 1 的产量下降。并由此解得，$Q_1 = \dfrac{A}{7B} - \dfrac{2}{7B}S_q - \dfrac{2}{7B}S_n$，$Q_2 = \dfrac{3A}{7B} + \dfrac{1}{7B}S_q + \dfrac{1}{7B}S_n$，标准化后为 $Q_1 = \dfrac{1}{7} - \dfrac{2}{7}S_q - \dfrac{2}{7}S_n$，$Q_2 = \dfrac{3}{7} + \dfrac{1}{7}S_q + \dfrac{1}{7}S_n$。企业 1 和农户组 1 转换成本越高，企业 2 的产量越高。$P_m = \dfrac{2}{7} - \dfrac{4}{7}S_q + \dfrac{3}{7}S_n$，上游市场价格随着企业 1 转换成本上升而下降，随着农户转换成本上升而上升。$P = \dfrac{3}{7} + \dfrac{1}{7}S_q + \dfrac{1}{7}S_n$，无论是企业 1 转换成本上升，还是农户转换成本上升，最终都会导致最终产品价格上升。企业 1 的利润是 $\pi_{q1} = \left(\dfrac{1}{7} - \dfrac{2}{7}S_q - \dfrac{2}{7}S_n\right)^2$，企业 2 的利润是 $\pi_{q2} = \left(\dfrac{3}{7} + \dfrac{1}{7}S_q + \dfrac{1}{7}S_n\right)^2$。农户 1 的利润是 $\pi_{n1} = 2\left(\dfrac{1}{7} - \dfrac{2}{7}S_q - \dfrac{2}{7}S_n\right)^2$，农户 2 的利润是 $\pi_{n2} = W$。

6. 有转换成本的企业与无转换成本的农户纵向一体化

还有一种情况，即企业 1 与农户组 2 纵向合并，有转换成本的企业与无转换成本的农户纵向一体化。此时，企业 1 的利润函数是 $\pi_{q1} = PQ_1 = [A - B(Q_1 + Q_2)]Q_1 = AQ_1 - BQ_1^2 - BQ_1Q_2$，企业 1 利润最大化的条件是 $\dfrac{\partial \pi_{q1}}{\partial Q_1} = A - 2BQ_1 - BQ_2 = 0$，此式与式（5.28）是相同的。

解得 $Q_1 = \dfrac{A - BQ_2}{2B}$。企业 2 的利润函数是 $\pi_{q2} = (P - P_m)Q_2 = [A - B(Q_1 +$

$Q_2) - P_m] Q_2 = AQ_2 - BQ_1Q_2 - BQ_2^2 - P_mQ_2$，企业 2 利润最大化条件是：

$$\frac{\partial \pi_{q2}}{\partial Q_2} = A - BQ_1 - 2BQ_2 - P_m = 0 \qquad (5.42)$$

解得 $Q_2 = \dfrac{A - P_m - BQ_1}{2B}$。并由此得到市场价格 $P_m = A - BQ_1 - 2BQ_2$。农户组 2 的收入函数是 $\pi_{n2} = W$，农户组 1 的利润函数是 $\pi_{n1} = (P_m - S_n)Q_2 = AQ_2 - BQ_1Q_2 - 2BQ_2^2 - S_nQ_2$，农户组 1 的利润最大化条件是：

$$\frac{\partial \pi_{n1}}{\partial Q_2} = A - BQ_1 - 4BQ_2 - S_n = 0 \qquad (5.43)$$

由此可得 $Q_2 = \dfrac{A - BQ_1 - S_n}{4B}$。解得 $Q_2 = \dfrac{A - 2S_n}{7B} = \dfrac{1}{7} - \dfrac{2}{7}S_n$，转换成本越高，农户组 1 的产量越小。$Q_1 = \dfrac{3A}{7B} + \dfrac{1}{7B}S_n = \dfrac{3}{7} + \dfrac{1}{7}S_n$，农户组 1 转换成本越高，企业 1 的产量越大。$P_m = \dfrac{2}{7} + \dfrac{3}{7}S_n$，农户组 1 的转换成本会对上游产品价格产生正向影响，原因是转换成本上升，导致产量下降，使价格上升。$P = \dfrac{3}{7} + \dfrac{2}{7}S_n$，农户组 1 的转换成本最终会导致最终产品价格上升。企业 1 的利润是 $\pi_{q1} = \left(\dfrac{3}{7} + \dfrac{1}{7}S_n\right)^2$，企业 2 的利润是 $\pi_{q2} = \left(\dfrac{1}{7} - \dfrac{2}{7}S_n\right)^2$。农户组 1 的利润是 $\pi_{n1} = 2\left(\dfrac{1}{7} - \dfrac{2}{7}S_n\right)^2$，农户 2 的利润是 $\pi_{n2} = W$。

从以上分析可以看出，有转换成本的企业和有转换成本的农户实施纵向一体化，可消除双方转换成本的影响，否则，其他情形下的纵向一体化，企业转换成本或农户转换成本的影响仍无法完全消除。因此，有转换成本的企业和有转换成本的农户更倾向于纵向一体化。从最终产品价格来看，有转换成本的企业和有转换成本的农户之间的纵向一体化是最优的，使最终产品价格免受转换成本上升的影响。从总产量上来看，有转换成本的企业和有转换成本的农户之间纵向一体化下，转换成本对总产量的负面影响消除了。其他情形下的纵向一体化，总产量都会受到企业或农户转换成本的影响（如表 5.1 所示）。

表 5.1　市场、合约与纵向一体化比较

项目	Q_1	Q_2	P	P_m	P_c	π_{q1}	π_{q2}	π_{n1}	π_{n2}
市场	$\dfrac{2}{9}$	$\dfrac{2}{9}$	$\dfrac{5}{9}$	$\dfrac{1}{3}$	—	$\dfrac{4}{81}$	$\dfrac{4}{81}$	$\dfrac{2}{27}$	$\dfrac{2}{27}$
合约	$\dfrac{2}{9}+\dfrac{1}{6}S_q-\dfrac{1}{6}S_n$	$\dfrac{2}{9}-\dfrac{1}{6}S_q+\dfrac{1}{6}S_n$	$\dfrac{5}{9}$	$\dfrac{1}{3}-\dfrac{1}{4}S_q+\dfrac{1}{4}S_n$	$\dfrac{1}{3}+\dfrac{1}{4}S_q-\dfrac{1}{4}S_n$	$\dfrac{4}{81}-\dfrac{1}{54}S_q+\dfrac{1}{54}S_n-\dfrac{1}{24}(S_q-S_n)^2$	$\dfrac{4}{81}+\dfrac{1}{54}S_q-\dfrac{1}{54}S_n-\dfrac{1}{24}(S_q-S_n)^2$	$\dfrac{2}{27}+\dfrac{1}{9}S_q-\dfrac{1}{9}S_n+\dfrac{1}{24}(S_q-S_n)^2$	$\dfrac{2}{27}-\dfrac{1}{9}S_q+\dfrac{1}{9}S_n+\dfrac{1}{24}(S_q-S_n)^2$
企业 1 与农户组 1 纵向合并	$\dfrac{3}{7}$	$\dfrac{1}{7}$	$\dfrac{3}{7}$	$\dfrac{2}{7}$	—	$\dfrac{9}{49}$	$\dfrac{1}{49}$	W	$\dfrac{2}{49}$
企业 2 与农户组 1 纵向合并	$\dfrac{1}{7}-\dfrac{2}{7}S_q$	$\dfrac{3}{7}+\dfrac{1}{7}S_q$	$\dfrac{3}{7}+\dfrac{1}{7}S_q$	$\dfrac{2}{7}-\dfrac{4}{7}S_q$	—	$\left(\dfrac{1}{7}-\dfrac{2}{7}S_q\right)^2$	$\left(\dfrac{3}{7}+\dfrac{1}{7}S_q\right)^2$	W	$2\left(\dfrac{1}{7}-\dfrac{2}{7}S_q\right)^2$
企业 2 与农户组 2 纵向合并	$\dfrac{1}{7}-\dfrac{2}{7}S_q-\dfrac{2}{7}S_n$	$\dfrac{3}{7}+\dfrac{1}{7}S_q+\dfrac{1}{7}S_n$	$\dfrac{3}{7}+\dfrac{1}{7}S_q+\dfrac{1}{7}S_n$	$\dfrac{2}{7}-\dfrac{4}{7}S_q+\dfrac{3}{7}S_n$	—	$\left(\dfrac{1}{7}-\dfrac{2}{7}S_q-\dfrac{2}{7}S_n\right)^2$	$\left(\dfrac{3}{7}+\dfrac{1}{7}S_q+\dfrac{1}{7}S_n\right)^2$	$2\left(\dfrac{1}{7}-\dfrac{2}{7}S_q-\dfrac{2}{7}S_n\right)^2$	W
企业 1 与农户组 2 纵向合并	$\dfrac{3}{7}+\dfrac{1}{7}S_n$	$\dfrac{1}{7}-\dfrac{2}{7}S_n$	$\dfrac{3}{7}+\dfrac{1}{7}S_n$	$\dfrac{2}{7}+\dfrac{3}{7}S_n$	—	$\left(\dfrac{3}{7}+\dfrac{1}{7}S_n\right)^2$	$\left(\dfrac{1}{7}-\dfrac{2}{7}S_n\right)^2$	$2\left(\dfrac{1}{7}-\dfrac{2}{7}S_n\right)^2$	W

由此可以看出，企业 1 与农户组 1 纵向一体化优于市场和合约的条件是 $0 < S_q - S_n < AW + B$。企业与农户组 1 纵向一体化的条件是企业 1 与农户组 1 的转换成本之差在范围之内。如果企业 1 与农户组 1 的转换成本差额大于一定值时，农户纵向一体化的收益少于合约的收益。农户转包土地后的越高，纵向一体化的可能性越大。该结果表明，考虑企业和农户双方转换成本后，从企业和农户双方利益出发，纵向一体化与合约之间并不完全是低级与高级的关系，纵向一体化不再是合约的高级形式。因此，我们提出假设 5.1。

假设 5.1：在转换成本作用下，市场、合约和纵向一体化并非呈现直线关系。

5.2　变量设置与研究方法

5.2.1　因变量

纵向一体化包括前向一体化和后向一体化化。我们在此研究的是企业后向一体化，企业转包农户的土地，拥有土地的使用权，农户将土地流转给企业，获得土地租金。因此，此处我们要分析转换成本对组织形式的影响。所以，组织形式为因变量。

5.2.2　自变量

以转换成本为自变量，包括替代交易费用和关系专用性成本，转换成本越高，纵向一体化越可能优于市场。但是，市场、合约与纵向一体化之间，并不一定呈现线性关系。

5.2.3　控制变量

当地政府对土地流转的政策是影响纵向一体化的重要因素，因此在控制变量中，我们增加了政府政策的虚拟变量。另外，用农户净收入无法表明农户收入对纵向一体化的影响，非农收入是影响农户转包土地的重要因素。所以，我们采用了农户非农收入这一变量，而没有采用农户净收入变量。

变量定义与测量如表5.2所示。

表5.2　　　　　　　　　　　　　　变量定义与测量

变量名称	变量定义	均值	标准差
因变量			
组织形式	现货市场 =1；合约 =2；纵向一体化 =3	1.4065	0.6277
自变量			
企业替代交易费用			
企业年采购量	企业当年水稻采购量（万吨）	3.5765	8.9550
同村种植农户数	村里符合企业要求的种植农户数（户）	201.2915	183.8643
运输距离	企业与农户的最近运输距离（公里）	20.5104	49.9010
农户替代交易费用			
农户与小商贩的交易费用	农户与小商贩的交易费用	4.0298	0.3157
农户与粮库的交易费用	农户与粮库的交易费用	9.9973	0.4138
农户其他买者的交易费用	农户与其他买者的交易费用	4.0331	0.31361
企业关系专用性成本			
企业专用资产投资	企业投资于水稻的固定资产（万元）	1481.408	1886.1456
特定品种	农户种植企业指定的品种 =1；其他 =0	0.2526	0.4118
生产管理	参与生产管理 =1；不参与生产管理 =0	0.0488	0.2157
农户关系专用性成本			
农户种植面积	一年内水稻种植面积（亩）	38.3966	51.02354
农户生产成本变化	与其他买者交易生产成本增加 =1；其他 =0	0.0819	0.2736
农户专项投入	应企业要求进行的专项投入（万元）	0.0859	0.2266
控制变量			
企业注册资本	注册资本（万元）	1044.3550	2503.3234
企业经营范围	水稻加工 =1；销售 =0	1.5257	0.5000
农户户主年龄	户主在 2013 年的年龄（岁）	49.1762	9.9151

续表

变量名称	变量定义	均值	标准差
农户户主文化程度	小学及以下 = 1；初中 = 2；高中或中专 = 3；大专及以上 = 4	1.8022	0.5628
农户非农收入	家庭年非农业收入（万元）	2.9549	4.0892
政府政策	当地政府有鼓励土地流转的政策 = 1；当地政府没有鼓励土地流转的政策 = 0	0.4000	0.6455

资料来源：根据调研数据整理而得。

5.2.4 数据来源

在本书第 4 章 851 家企业与水稻种植户样本数据的基础上，加入纵向一体化的 94 个数据。这 96 个数据是 96 家水稻种植农户在 2014 年将土地流转给了 7 家企业，保证了这些样本数据与原有的 851 个数据的时间一致性。

5.2.5 研究方法

由于此处涉及的组织形式有三种，包括市场、合约和纵向一体化。我们的研究目的是比较市场、合约、纵向一体化的关系，特别是观察市场、合约和纵向一体化在替代交易费用和关系专用性下组织形式是否呈直线关系。所以，采用了多项 Logistic 回归方法，以纵向一体化为参考类别。如果市场、合约和纵向一体化在转换成本的影响下呈现线性分布，则纵向一体化与市场的比较，以及纵向一体化与合约的比较，转换成本的影响都应是显著的。如果根据我们数理模型的结果，纵向一体化优于市场的条件是转换成本大于零，纵向一体化优于合约的条件是企业和农户的转换成本差额不能过大，那么纵向一体化与市场比较时，转换成本影响显著，纵向一体化与合约比较时，转换成本影响未必显著。

从表 5.3 可以看出，不同组织形式下各自变量之间的差异。以市场为参照点来看，签订合约的企业和农户的转换成本与市场下的企业和农户的转换成本差异较为显著，前者要大于后者。纵向一体化与市场比较，一些转成本变量并未明显高于市场下的转换成本变量。

表5.3　　　　　　　　不同组织形式下企业和农户转换成本均值比较

变量名称		市场 $N_1 = 653$	合约 $N_2 = 198$	纵向一体化 $N_3 = 96$
企业替代交易费用	企业年采购量（万吨）	3.0142 (10.5256)	6.0319 *** (3.7451)	5.2939 ** (4.7884)
	同村种植农户数（户）	246.6035 (178.7715)	66.8036 *** (130.9496)	253.0694 (161.1930)
	运输距离（公里）	4.9058 (5.0869)	66.8450 *** (82.8749)	2.6138 *** (3.4776)
农户替代交易费用	农户与小商贩的交易费用	4.0324 (0.3358)	4.0319 (0.3094)	4.0002 (0.0235)
	农户与粮库的交易费用	10.0202 (0.4272)	9.9362 ** (0.4352)	10.0021 (0.0042)
	农户其他买者的交易费用	4.0850 (0.6286)	4.2234 *** (0.6584)	4.0000 (0.0000)
企业关系专用性成本	企业专用资产投资（万元）	854.1332 (1097.7879)	3386.2340 *** (2309.4742)	620.5216 ** (461.2335)
	特定品种	0.0653 (0.19591)	0.8068 *** (0.3879)	0.0449 (0.0876)
	生产管理	0.0405 (0.1975)	0.0106 ** (0.1031)	0.2500 *** (0.4409)
农户关系专用性成本	农户种植面积（亩）	42.9431 (60.5513)	31.8516 ** (18.4420)	20.2624 *** (15.0719)
	农户成本变化	0.0614 (0.2392)	0.0219 ** (0.1451)	0.4643 *** (0.5079)
	农户专项投入（万元）	0.0081 (0.0181)	0.3132 *** (0.3536)	0.0086 (0.0089)

注：***、** 分别代表 t 值显著水平为 0.01、0.05，参照点为市场。括号中的数值表示标准差。

5.3　实 证 分 析

5.3.1　纵向一体化与市场的比较模型

1. 企业替代交易费用

企业替代交易费用没有表现出显著影响。无论是企业采购量，还是同村种植农户数，对纵向一体化和市场的影响均不显著。这说明，企业替代交易费用还不足以使企业流转农户土地种植水稻，这也与水稻的特点有关，企业替代交易费用还没那么高。

2. 农户替代交易费用

农户与小商贩、粮库、其他买者的替代交易费用没有对纵向一体化行为产生显著影响。对于水稻种植户来说，转换成本很低，且有多种选择。这使得水稻种植户有较强的讨价还价能力，在其他条件相同的情况下，水稻种植户更不愿意将土地流转出去。

3. 企业关系专用性成本

企业专用资产投资对纵向一体化影响显著，企业一般需投入仓储设施、烘干设备、精选设备、加工设备等。建立自己的基地保障粮源，维持公司正常运营，弥补固定成本，是很多米业公司纵向一体化的动因。"特定品种"和"生产管理"对纵向一体化呈现显著影响。如果企业需要特定品种水稻时，市场上的一般水稻难以满足企业需求，以纵向一体化方式优先保障这部分特定品种水稻的供给，是企业纵向一体化的主要初衷。当生产管理投入较多时，转换成本较高，纵向一体化可避免这一成本。

4. 农户关系专用性成本

农户种植面积越大，农户接受一体化的激励越小。农户种植面积大，表明水稻种植收入是家庭主要收入来源，农户转包土地的意愿不强。而农户种植面积小，农户外出务工的激励较大，农户转包土地的意愿较强。这也说明，如果从双方的物质资产专用性来看，物质资产专用性不一定与纵向一体化直接相关。农户交易价值折损对纵向一体化没有显著影响。

5. 农户非农收入

农户非农收入越高，农户接受纵向一体化的意愿越强，这是显而易见的。非农收入是推动农户转包土地的动力，这在数理模型中也有所反映。

6. 政府政策

政府政策对纵向一体化有显著影响。农村土地所有制性质是集体所有制，所以当地政府如果不推动土地流转，土地很难连片，企业难以形成规模效应。因此，政府行为是推动土地流转、农业纵向一体化的重要变量。

7. 其他变量

加工类企业比水稻种植类企业更倾向于纵向一体化。获得水稻供给保障对加工类企业而言更为重要。农户户主文化程度越高，越倾向于纵向一体化。因为农户文化程度越高，非农户就业机会越大。户主年龄越大，越倾向于将土地转包出去。

5.3.2　纵向一体化与合约的比较模型

纵向一体化与合约的差别是理论研究的难点。水稻种植户在合约中的讨价还价能力是较强的，因为农户转换成本较低。研究结果表明，企业专用资产投资越大，企业越倾向于从合约走向纵向一体化。但是这其中的中介变量不一定是农户的机会主义行为。原因有二：一是相对于双边议价来说，农户和企业都有多个潜在交易对象可以选择，米业公司一般也会走出去收购；二是农户对企业投资情况和未来发展规划并不十分了解，也不十分关心。如果企业专用资产投资越大，农户机会主义行为激励越强，那么农户就不会同意将土地流转给企业，而是坚持采用合约的方式，不断从机会主义行为中谋取利益，纵向一体化就很难实现。因此，纵向一体化主要是缘于企业保障粮源、弥补固定成本的动机。

农户种植面积越小，农户接受纵向一体化的意愿越强。这与事实相符，农户种植面积越小，农户讨价还价能力越小，水稻种植收入越少。非农就业意愿推动了农户土地流转。农户专项投入越大，农户越倾向于选择合约，原因可能是在转换成本较低的情况下，农户专项投入会带来较为丰厚的回报，选择合约可以维持农户的讨价还价能力不消失，如果选择纵向一体化，农户的讨价还价能力就消失了，这种投入/产出关系也就不存在了。

政府政策对纵向一体化有显著影响。合约是一种在土地流转不畅情形下的折中选择。企业可以在不占有农户土地使用权的情况下，保障原粮供给，降低转换成本的影响。如果政府能够促进土地流转，既给农户相应的补偿，又能降低企业转换成本，那么转换成本较高的企业会选择纵向一体化。

户主年龄越大，越倾向于选择纵向一体化，而不是合约。种植水稻农户平均年龄在 50 岁左右，随着年龄逐渐增大，按合约要求种植特定品种的意愿越来越弱，转包土地的意愿越来越强烈。

以上分析总结如表 5.4 所示。

表 5.4　　　　市场、合约与纵向一体化的比较模型

变量		市场与纵向一体化比较模型（纵向一体化为参考类别）		合约与纵向一体化比较模型（纵向一体化为参考类别）	
		系数	标准误差	系数	标准误差
	自变量				
企业替代交易费用	企业采购量	-0.040	0.065	0.054	0.092
	同村种植农户数	0.002	0.0290	-0.004	0.003
	运输距离	0.095	0.087	3.229	5.356
农户替代交易费用	农户与小商贩的交易费用	0.281	0.536	-3.385	47.341
	农户与粮库的交易费用	-0.750	0.483	-3.3401	62.879
	农户与其他交易者的交易费用	5.001	0.000	11.565	935.152

续表

变量		市场与纵向一体化比较模型（纵向一体化为参考类别）		合约与纵向一体化比较模型（纵向一体化为参考类别）	
		系数	标准误差	系数	标准误差
企业关系专用性成本	企业专用资产投资	− 79.130 ***	33.420	− 0.006 **	0.003
	特定品种	− 2.683 ***	1.001	− 4.811	6.144
	生产管理	− 4.564 ***	1.254	1.126	0.781
农户关系专用性成本	农户种植面积	0.056 ***	0.019	0.160 ***	0.058
	农户成本变化	− 14.492	1334.127	− 20.995	10.443
	农户专项投入	0.000	0.000	40.462 ***	9.338
控制变量	企业注册资本	0.001 **	0.000	0.001	0.000
	企业经营范围	2.174 ***	0.902	− 10.228	6.273
	农户户主年龄	− 0.035	0.028	− 0.336 *	0.195
	农户户主文化程度	− 1.233 *	0.636	4.362	2.832
	农户非农收入	− 0.543 ***	0.096	0.282	0.478
	政府政策	− 2.548 ***	0.918	− 13.430 *	8.052
常量		3.093	2011.706	6.945	4016.299
− 2 对数似然值		123.054			
卡方		476.734			

注：***、**、*分别代表显著水平为 0.01、0.05、0.1。

5.4　结论与政策建议

交易费用理论用资产专用性、机会主义行为的逻辑推导出纵向一体化产生的原因，并指出"现货市场—合约—纵向一体化"的演变轨迹，其中机会主义行为产生的条件是"少数人交易"。该理论没有在水稻市场中得到印证。思考纵向一体化并没有必要放弃用机会主义行为，而是需要结合具体的产业结构、产业组织分布、产品特征等来适当采用这一理论。

从表 5.5 所列的调查结果可以看出，农户对企业销售额、利润、固定资产投资等情况不了解，因此机会主义理论中关于固定资产投资多的一方会遭到另一方"套牢"威胁的说法，从水稻种植户对企业的了解情况上来看，并不成立。双方讨价还价是有的，但是就合约来看，合同多由企业提供，农户就合同条款谈判的比例极低。所以，用合约谈判成本过高，从而走向纵向一体化来解释纵向一体化是合约的高级形式说不通。表 5.5 中体现出来一个很有趣的现象，农户虽然对企业的经营状况、固定资产投资不了解，但还是存在企业向农户提供了押金的情形，这说明农户在某种情况下对企业的讨价还价能力是较强的，但这种讨价还价能力并不是来自农户机会主义行为的威胁，而是来自企业主动的规避转换成本的考量。

表 5.5   机会主义理论在实践中的反证

问题	百分比	问题	百分比
企业是否压价	是 = 51.6%，否 = 48.4%	农户是否了解企业固定资产投资	是 = 0.4%，否 = 99.6%
农户是否讨价还价	是 = 80.1%，否 = 19.9%	企业是否向农户提供了押金	是 = 2.9%，否 = 97.1%
农户是否了解企业销售额或利润情况	是 = 23.1，否 = 76.9	农户是否向企业提供了押金	是 = 0%，否 = 100%
合同由谁提供	企业提供 = 100%，农户提供 = 0%	农户是否就合同内容进行过谈判	是 = 0%，否 = 100%

资料来源：根据调研数据整理而得。

威廉姆森（1985）指出"投机"是损人利己，包括撒谎、偷窃、欺骗等，专用资产投资方为避免这一行为以及由此引起的高额交易费用，而实施纵向一体化。企业实施纵向一体化并非是因为农户有这些"投机"行为，而是因为企业自身存在客观的转换成本这一事实，需要用纵向一体化消除转换成本的影响。水稻种植户对企业的讨价还价能力是较强的。企业转换成本越高，水稻种植户的讨价还价能力越强，如果没有外力干预的情况下，农户土地流转的意愿较弱。如果农户非农收入高，企业转换成本带给农户的"溢价"收入低于农户非农收入时，农户愿意将土地流转给企业。

纵向一体化与市场相比，企业转换成本对纵向一体化影响显著，农户转换成本对纵向一体化影响不显著。因此纵向一体化的驱动方在于企业。纵向一体化与合约相比较，企业转换成本与农户转换成本对纵向一体化的影响并不显著。这就是水稻市场的特征，也是考虑纵向一体化双方利益的结果。任何一方转换成本高，都会导致这一方讨价还价能力变弱。当企业转换成本高时，企业会给予农户"溢价"，农户越不会接受纵向一体化。因此，随着企业和农户转换成本的提高，纵向一体化与合约之间并不是直线关系，纵向一体化也不能简单地被认为是合约的高级形式。

据此，我们提出以下政策建议：

第一，从企业和农户双方利益角度思考土地流转。企业实施纵向一体化，这关系到企业和农户双方的利益，不能让任何一方利益受损，至少不能比土地流转之前的利益少。对于水稻种植户来说，转换成本低，讨价还价能力较强，土地流转后，这种较强的讨价还价能力就会消失。企业推动新项目，种植绿色、有机、无公害水稻，或其他特定品种水稻时，产品具有不可替代性。如果由农户种植，农户可分享新项目的成果。如果企业实施土地流转，农户很难分享新项目的成果。因此，在推进土地流转中，需要考虑转换成本较低的农户的利益，尽可能使其分享土地流转后的成果，不失去原有的较强讨价还价能力。

第二，给予转换成本高、辐射范围广的项目补贴，土地流转后应考虑农户分享企业发展成果问题。转换成本高的项目，虽然赋予农户较强的讨价还价能力，但这是企业不愿意投资的。而转换成本高的项目长期效益可能较好，辐射范围也较广。此时，光靠市场来配置资源是不够的，需要政府打破僵局，给予企业相应扶持，既能实现项目立项，又能带动农户增收。特别是对于精准扶持政策来说，将转换成本高的项目设立在需要进行精准扶持对象附近，更能有效带动扶持对象脱贫。

第三，实现农业发展与农民增收的同步推进。农业发展与农民增收本不矛盾，但当工商资本进入农业时，两者的矛盾就产生了。工商资本进入农业，是资本逐利本性的体现，但资本没有"益贫"的本性。单纯的土地流转，会使农民失去资源，失去讨价还价的能力和机会。农民讨价还价的资本在于其掌握的资源，如果农民失去了掌握的资源，资本将资源吸入工商企业中去，虽然农业可能发展了，但农民却在贫富差距中被边缘化了。较好的政策是，推动发展新产品、新项目，在引入工商资本的同时，提高企业和农户的关系专用性，让农户参与其中，使农户通过现有资源，争取较强的讨价还价能力，实现农业发展与农户增收同步推进。

第6章 转换成本视角下联合所有权产生条件分析

随着我国农民专业合作社数量的激增，理论界开始特关注农民专业合作社的"真""假"，认为现实中合作社不符合理论预期，如果从现实出发反思理论设计，就会发现是否是理论对现实的解释不够，理论界应积极回答合作社的现状是什么原因引起的。有一些问题亟待给出理论解释，例如，联合所有权产生条件是什么？联合所有权与市场、合约和纵向一体化的区别是什么？合作社能否作为联合所有权形式存在，是否具有稳定性？企业领办合作社的动因到底是什么？"公司＋合作社＋农户"中企业、合作社和农户究竟是怎样的关系？这些问题都需要深入分析和解答。

本章从转换成本角度对联合所有权产生的条件进行分析。联合所有权在什么情况下，比市场和合约更能规避转换成本？与以往研究框架不同，我们认为联合所有权中的企业和农户，各自都可与潜在交易者交易，都存在转换成本，所以不假定卖方会"套牢"买方，或买方会"套牢"卖方。

6.1 基于转换成本视角下纵向联合所有权与合约的比较模型

6.1.1 静态分析

企业与农户组建联合所有权，采取利润分成制。企业的利润函数是：

$$\pi_q = \alpha(V - C_n)Q \tag{6.1}$$

农户的利润函数是：

$$\pi_n = (1 - \alpha)(V - C_n)Q \tag{6.2}$$

从这两个函数来看，联合所有权可以通过交易内部化，消除转换成本的影响，但同时也消除了转换成本对讨价还价能力的影响。而变成以各自投入要素多少来确定分成比例的分配模式。

合约下，转换成本仍会对各自讨价还价能力产生影响，所以，在 $\lambda_q - \Delta V + \lambda_n + \Delta C > 0$ 时，即 $S_q + S_n > 0$ 时，企业联合所有权优于合约的条件是：

$$\alpha(V - C_n) > V - P_c \tag{6.3}$$

即：$\alpha(V - C_n) > V - P_m + \dfrac{\Delta V}{2} + \dfrac{\Delta C}{2} - \dfrac{\lambda_q}{2} + \dfrac{\lambda_n}{2}$，整理得 $\lambda_q - \Delta V - \lambda_n - \Delta C > 2V - 2P_m - 2\alpha(V - C_n)$。农户联合所有权优于合约的条件是：

$$(1 - \alpha)(V - C_n) > P_c - C_n \tag{6.4}$$

即 $\lambda_q - \lambda_n - \Delta V - \Delta C < 2(1 - \alpha)(V - C_n) - 2P_m$。所以，联合所有权优于合约的条件是：

$$2V - 2P_m - 2\alpha(V - C_n) < \lambda_q - \lambda_n - \Delta V - \Delta C < 2(1 - \alpha)(V - C_n) - 2P_m \tag{6.5}$$

即：$2V - 2P_m - 2\alpha(V - C_n) < S_q - S_n < 2(1 - \alpha)(V - C_n) - 2P_m$。

企业的转换成本与农户转换成本之差要在一定范围之内，否则联合所有权不能使企业和农户双方同时受益。原因是，当企业转换成本远高于农户转换成本时，转换成本相对较低的农户，在联合所有权中会失去讨价还价能力，所以农户不愿意接受；当企业转换成本远低于农户转换成本时，联合所有权中企业将失去讨价还价能力，企业不愿意接受联合所有权。所以，联合所有权的实现需要在各自转换成本都不占明显优势的情况下实现，才能以新的讨价还价机制代替转换成本对讨价还价的影响。

6.1.2　博弈分析

延续本书第 5 章的分析框架，有两家企业，即企业 1 和企业 2。有两组农户，农户组 1 和农户组 2。企业 1 与农户组 1 实行联合所有权，企业 1 的利润函数是：

$$\pi_{q1} = \alpha P Q_1 \tag{6.6}$$

其中，α 是企业 1 在联合所有权中分得的比例，P 是最终产品价格，Q_1 是最终产品产量，有 $P = A - B(Q_1 + Q_2)$，最终产品价格取决于企业 1 和企业 2 的产量。由此可得，$\pi_{q1} = \alpha P Q_1 = \alpha [A - B(Q_1 + Q_2)] Q_1 = \alpha [AQ_1 - BQ_1^2 - BQ_1Q_2]$，企业 1 利润最大化条件是：

$$\frac{\partial \pi_{q1}}{\partial Q_1} = \alpha [A - 2BQ_1 - BQ_2] = 0 \tag{6.7}$$

当 $\alpha > 0$ 的情况下，$Q_1 = \dfrac{A - BQ_2}{2B}$，此式与企业 1、农户组 1 纵向合并的结果相同。

企业 2 的利润函数是：

$$\begin{aligned}
\pi_{q2} &= (P - P_m) Q_2 \tag{6.8} \\
&= [A - B(Q_1 + Q_2) - P_m] Q_2 \\
&= AQ_2 - BQ_1Q_2 - BQ_2^2 - P_mQ_2
\end{aligned}$$

企业 2 的利润最大化条件是：

$$\frac{\partial \pi_{q1}}{\partial Q_2} = A - BQ_1 - 2BQ_2 - P_m = 0 \tag{6.9}$$

解得 $Q_2 = \dfrac{A - P_m - BQ_1}{2B}$。从而可得上游产品市场价格 $P_m = A - BQ_1 - 2BQ_2$。

农户组 1 的利润函数是 $\pi_{n1} = (1 - \alpha) P Q_1 = (1 - \alpha)[A - B(Q_1 + Q_2)] Q_1$，$Q_1 = \dfrac{A - BQ_2}{2B}$。农户组 2 的利润函数是 $\pi_{n2} = P_m Q_2 = (A - BQ_1 - 2BQ_2) Q_2 = AQ_2 - BQ_1Q_2 - 2BQ_2^2$，农户组 2 的利润最大化条件是 $\dfrac{\partial \pi_{n2}}{\partial Q_2} = A - BQ_1 - 4BQ_2 = 0$，解得 $Q_1 = \dfrac{3A}{7B}$，$Q_2 = \dfrac{A}{7B}$。A 和 B 标准化 1 后，$Q_1 = \dfrac{3}{7}$，$Q_2 = \dfrac{1}{7}$。$P_m = \dfrac{2}{7}$，$P = \dfrac{3}{7}$。$\pi_{q1} = \alpha \dfrac{9}{49}$，$\pi_{n1} = (1 - \alpha) \dfrac{9}{49}$。$\pi_{q2} = \dfrac{1}{49}$，$\pi_{q2} = \dfrac{2}{49}$。联合所有权也能消除转换成本的影响。问题是联合所有权产生的条件是什么？

结合合约产生条件，联合所有权优于合约的条件是企业和农户联合所有权后利润都高于合约利润，得到联合所有权优于合约的条件是 $0 < S_q - S_n < B$。如果企业转换成本与农户转换成本之差大于一定份额，农户不会接受；如果企业转换成本与农户转换成本之差等于零或小于零，企业不会接受。比较纵向一体化优于合约的条件可以看出，联合所有权优于合约的条件比纵向一体化优于合约的条件更难满足。这个现象也解释了为什么合作社内部还需要合约安排作为保障。

由此，我们得出假说：

假设 6.1 联合所有权可以消除转换成本，但也消除了转换成本对讨价还价的影响，企业和农户转换成本差距较大时，转换成本较高的一方将通过联合所有权受益，转换成本较低的一方将会受损，随着企业或农户转换成本的提高，合约并不一定会向联合所有权转换，合约与联合所有权之间不是直线关系，不能简单说联合所有权比合约更能解决转换成本问题。

6.2　纵向联合所有权与纵向一体化的比较

联合所有权和纵向一体化都可以通过交易内部化来消除转换成本的影响，但是，对于企业而言，联合所有权优于纵向一体化是不可能的。因为纵向一体化下企业利润函数是 $\pi_{q1} = PQ_1$，联合所有权下企业利润为 $\pi_{q1} = \alpha PQ_1$。在 $\alpha \leq 1$ 的情况下，联合所有权利润不可能高于一体化利润，因此，对于企业而言，纵向一体化优于联合所有权。这个结论的前提有两个：第一，纵向一体化和联合所有权企业成本是相同的；第二，企业无资源约束。

对于农户而言，纵向一体化优于联合所有权的条件是 $W > \frac{9}{49}(1-\alpha)$，$\alpha > 1 - \frac{49}{9}W$，$(1-\alpha) < \frac{49}{9}W$。当农户获得联合所有权的比例小于一定比例时，纵向一体化优于联合所有权。综合企业和农户纵向一体化优于联合所有权的条件，得到 $1 - \frac{49}{9}W < \alpha < 1$ 是企业和农户纵向一体化条件。同时，由于纵向一体化优于合约的条件比联合所有权优于合约的条件更容易满足。因此，我们提出以下假说：

　　假设 6.2：纵向一体化与联合所有权都可以消除转换成本的影响，企业和农户联合所有权不优于纵向一体化。

6.3　合作社制度

　　联合所有权的代表形式之一是合作社。1844 年在英国诞生的罗虚代尔公平先锋社是世界上第一个合作社。合作社由成员出资组建并共同管理，剩余按照成员与合作社的惠顾额返还。成员既有剩余控制权，也有剩余索取权。

6.3.1　合作社理论的三个方向

　　合作社理论沿着三条主线进行研究：第一，将合作社视为纵向一体化的组织，弱者联合抵御市场风险（Nourse，1922；Emelianoff，1942；Phillips，1953；Sexton，1986；Cotterill，1997），成员按惠顾额分配合作社剩余，同时交易价格不低于市场交易价；第二，将合作社视为独立的企业（Enke，1945；Helmberger and Hoos，1962；Shaffer，1987；Royer，1999），成员追求合作社剩余与惠顾剩余之和最大化；第三，将合作社视为成员的联盟（Kaarlehto，1955；Ohm，1956；Staatz，1983；Choi and Feinerman，1993；Cook，1995；Fulton et al.，2001；Cook and Chaddad，2004），不同成员有着不同的目的，有的成员关注合作社剩余，有的成员既关注合作社剩余也关注惠顾剩余。

　　在我国，合作社发展中出现了与上述理论不符的现象，突出表现为：（1）大户与企业领办的合作社较多，小农户自组织动力不足，形成了"强者领办，弱者参与"的格局，与合作社是"弱者的联合"的理论不符；（2）投资型成员与惠顾型成员并存，投资型成员承担经营风险、获取剩余利润，惠顾型成员凭成员资格获得技术指导和价格优惠，不承担经营风险，不获取剩余利润，这与成员"利益共享、风险共担"的合作理论不符；（3）合作社对成员生产决策没有约束力，与合作社具有独立组织人格的理论不符（董晓波，2015）。

　　以现有合作社理论分析我国目前的合作社，不免会得出错误的结论。这些现象本质上是合作社创建动机及合约安排问题。由于创建者的利益目标引导着合作社的发展和制度安排，所以，本部分将从合作社创建的动因入手，分别从创建者和成员的角度，分析合作社的形成机制以及不同类型成员的获益机制，有助于了解近年来合作社快速发展的原因，认识合作社的形成机理，有助于了解成员获益方式的多样性及影响因素，确定我国合作社呈现目前状态的原因及结果，这对完善合作社理论框架、解释我国合作社发展现状有着积极的理论意义。

6.3.2　企业和农户合作的本质

1922 年诺斯在《合作的经济哲学》一文中，针对罗虚代尔公平先锋社的三个基本特征进行了讨论，包括高效率、低成本、无信贷、无促销、成员免费获得服务的成员服务机制；低利率、按惠顾额返还的分配制度；一人一票的民主管理制度。诺斯认为这三个特征反映了合作社运动的优势，形成了对竞争销售体系成本和浪费的对抗、对资本获取剩余索取权的对抗，对资本所有权、集中和独裁的对抗。

合作经济组织的影响已经深入到生产组织领域。例如，现代农民发现要想提高效率，所需的资本设施超过了单个农场所需，合作经济组织就此诞生。巴纳德的协作系统理论认为合作的产生有两个条件：一是在实现既定目标过程中，个体面临约束条件，需要与他人合作突破约束；二是合作可以产生潜在收益。罗虚代尔公平先锋社的产生与巴纳德的协作系统理论是相符的。

诺斯认为合作社的本质是分配制度。合作社不同于股份公司（incorporated company）的地方是利润凭惠顾额分配，或作为劳动的分红、奖金。资本投资成员（patron member）与提供劳动成员（laboring member）都是合作社剩余的分享者。合作社被视为是资本主义的反面。合作组织被视为非营利组织和非股份制组织。

合作社也体现了上下游合作的纵向合作形式。合作者真正的目的不是反对资本只依市场利率所产生的利息进行分配，而是反对资本靠高利率和掺水股积累。合作者宣称消费者的支付应是补偿工人的，而不应被促销者吸纳。生产者和消费者合作起来后，买方和卖方都以成本价进行服务。生产者直接按照消费者的需求生产。投机利润、损失和浪费都被消除。如果合作组织出现任何剩余，要么是对买方多收了，要么是对卖方或工人成员少付了，返还给适当的主体作为基金。诺斯描绘了上下游之间合作的基本框架，基本模式是买方与卖方都将价格定在边际成本上，剩余在买方与卖方之间分配。

合作社的分配体系能否长久是个长期争论的问题。诺斯认为，如果合作组织是反资本的，那么这就意味着劳动优先。劳动股利在工业合作或劳动合伙制中占据了核心地位。然而，很多企业没有与劳动者分享利润的尝试。合作组织成为一个与雇主谈判的组织。合作组织的目的是提高组织内的劳动报酬率，降低组织外的劳动报酬率。农民认为合作组织之所以稳固是因为合作组织将利润分配给生产者，而不是中间商。事实上，美国农业合作社目的是维持土地价格，没有明确的证据表明合作社惠及了农业雇佣工人。所以，很难说合作社的分配理念是使劳动获得剩余或利润的剩余索取权。"公司 + 农户"理论掩盖了公司与农户利益冲突的事实，"公司 + 合作社 + 农户"也是如此。

6.4　企业领办合作社的动因及影响

以往对合作社产生条件的通常解释是，企业拥有对农户的垄断势力，农户为避免被企业剥削，组建合作社，争取更大的讨价还价能力。然而在我国水稻行业中，出现了企业领办的合作社，成员由企业和农户共同组成，企业组建合作社对抗自己的逻辑明显说不通。本部分将对企业领办合作社的动因进行新的解释，并分析企业领办的合作社对企业和农户的影响。

6.4.1　关于企业领办农民合作社的动因

1. 高额市场交易费用导致的结果

很多学者运用交易费用理论解释合作社的产生，认为合作社是垂直协作的一种形式，可以降低由资产专用性、机会主义、不确定性、信息不对称等因素产生的交易费用（LeVay，1983；Williamson，1985；MacDonald，1985；Bonus，1986；

Cook，1995，2004；Hansmann，1996；Hobbs，1997；徐旭初，2005；应瑞瑶、王瑜，2009；周立群、曹利群，2010；姚文、祁春节，2011），实证研究结果支持了交易费用理论对合约选择的解释，但仍存在一些缺陷：第一，资产专用性的概念界定不清，变量选择没能反映交易关系"专用"的特征，对单方资产专用性关注较多，忽视了买卖双方资产专用性投资对合约选择的影响；第二，认为资产专用性投资会将市场交易关系变为少数交易者关系，即资产专用性会导致市场结构的变化，忽视了市场结构对交易费用的影响；第三，不能反映政策因素对企业领办合作社的影响。

2. 市场势力的影响

斯蒂格勒（Stigler，1951）提出了市场势力与垂直一体化的关系理论，竞争企业倾向于后向一体化，以避免投入品的垄断价格；垄断企业会进行前向一体化，以避免垄断投入品被替代，并实施价格歧视。随后，学者们研究了买方与卖方市场集中度与垂直协作的关系（MacDonald，1985）、横向市场结构与垂直市场结构对市场绩效的影响（Bushnell et al.，2008）以及市场势力与垂直协作的相互作用（Bunn，2010）。与交易费用理论相比，从市场势力角度解释垂直协作及合作社产生的文献较少。

3. 潜在收益的影响

企业领办合作社可获得的潜在收益主要来源于交易费用的节省（苑鹏，2008；温铁军，2013）、组织服务功能（黄季焜、邓衡山、徐志刚，2010；温铁军，2013）和政府政策支持（温铁军，2013；崔宝玉、刘峰，2013）。由于潜在收益概念过于宽泛，实证研究中存在对潜在收益测量的困难。

4. 从纵向一体化向混合一体化转化

郭晓鸣和廖祖君（2010）提出混合一体化是指企业通过一定的制度或契约设计，控制上游产业中的若干生产经营单位，实行跨产业经营，从而通过充分利用共同资源，降低单位产出的成本，减少产业链各环节之间的交易费用，来达到实现规模经济、规避经营风险的目的。同时他们认为企业领办合作社具有融合要素契约特性的商品契约、合作社成为专用性资产投资的平台、调和合作社成员之间的强异质性三大特征。

虽然学者们在解释企业领办合作社动因上已取得了一些成果，但仍存在可以改进的地方，主要包括以下几个方面：第一，交易费用与市场势力不是相互对立的关系，两者都受到市场结构的影响，包括交易者数量、分布及寻找费用等。第二，资产专用性应体现企业与农户之间的专属交易关系，应考虑企业与农户双方的资产专用性投资。第三，应将企业领办合作社的动因进行区分，是出于交易需求还是外在激励，解释在什么样的约束条件下，企业与农户会出于交易需求而选择合作社。第四，研究方法上，从案例研究向定量研究转变，从单一产业向多产业转变。

6.4.2　关于企业领办合作社的影响

1. 企业领办合作社是企业与农户利益协调的结果

公司领办合作社，在农产品营销合作社中占据重要地位（苑鹏，2008），"龙头企业＋以专业农户为主体的农民专业合作社"是当前发展现代农业、增加农民收入的可行现实途径（刘洁、祁春节，2009；张晓山，2012），企业投资专用性资产越多，创造的附加值越大，企业与农户之间的双赢关系越稳定（周立群、曹利群，2002）。

2. 企业领办合作社可能会形成垄断势力，对小农产生不利影响

由强势主体"利益共谋"形成的合作社，一般不会真正完善合作社内部的合作关系，对外交易成本的节约也只会止于汇集社员的购销需求，对内执行的往往是"大农吃小农"的逻辑（温铁军，2013）。

3. 合作社中企业与农户的关系是不断变化的

企业与农户之间始终存在着合作与竞争的关系，关系类型取决于双方谈判力量和谈判地位，具有不稳定性（王军，2009；郭晓鸣、廖祖君，2010）。

上述争论的焦点有两个：一是合作社是否能够改变企业与农户的对立关系；二是企业领办合作社是否会对小农产生不利影响。这两个争论焦点都与

合作社产生的原因及条件有关，因为合作社的目的不同，对农户的影响也会不同。企业领办合作社对农户到底会产生什么影响，目前已有的理论假说急需实证检验。因此，我们将对企业领办合作社的动因及影响进行理论和实证研究。

6.4.3　营销合作社与土地流转合作社

企业领办的合作社中有两个重要类型：营销合作社和土地流转合作社。营销合作社反映了企业和农户的交易关系，企业和农户是独立的个体。

土地流转合作社是指农户将土地流转给企业，农户以土地向合作社入股。土地流转合作社是企业和农户联合所有权的体现，是企业和农户要素整合的表现形式。企业拥有资本，农户拥有土地，粮食直补、良种补贴、综合补贴等国家惠农资金仍归农户所有。土地流转合作社是在土地流转不畅情况下产生的，它原则上坚持共有、共管的理念，农户将土地流转给企业后，仍有剩余管理权和剩余索取权。如果不坚持这个原则，农户只是将土地转包给企业，获得租金，那么企业和农户的关系就不再是合作关系，土地流转合作社也不是联合所有权的组织形式。如果土地流转是顺畅的，企业会采用纵向一体化形式，因为纵向一体化比联合所有权对企业更适用，企业不需要与农户分配剩余利润。

目前对农户参与土地流转合作社的意愿研究的较多，例如，李忠旭和沈丽莹（2014）根据辽宁省503份农户样本，研究了农户参与土地流转合作社的意愿。苑鹏、杜吟棠、吴海丽（2009）在《土地流转合作社与现代农业经营组织创新——彭州市磁峰皇城农业资源经营专业合作社的实践》一文中，提出资本进入农业时，保护农民利益不受损失非常重要，土地流转合作社能够惠及农户的条件是农户能够在转包土地后，找到更好的就业机会。其实在他们研究的案例中，农户和企业之间的关系已经不是共有、共管的联合所有权关系了，而是土地租赁关系，是企业实施纵向一体化的体现，非农就业对农户转包土地的重要性与我们的数理模型结果是一致的。而且，他们指出企业控制地租的现实，合作社作为农户的中间人在地租谈判上处于弱势。

6.5 联合所有权稳定性检验：基于我国企业领办合作社的调查数据

6.5.1 企业与农户联合所有权不稳定的原因分析

企业与农户联合所有权之所以不稳定，原因有以下方面。

第一，联合所有权与纵向一体化相比，都能为企业消除转换成本高带来的"溢价"威胁，联合所有权却分走了企业的利润。如果企业存在资本问题，可以找合伙人投资，也没有必要与农户组建联合所有权。所以，企业资本短缺限制问题，在此不作过多讨论。联合所有权比纵向一体化更能解决监督问题，这个观点针对的是人力资本机会主义行为问题，但是在水稻种植中，监督问题是否值得企业用部分利润来弥补监督成本问题，是个很大的疑问。在调研中发现，纵向一体化中，企业可以采用"雇工承包制"来解决监督问题，具体办法是，企业安排每户雇工负责 100 亩田地，按照企业要求种植、管理，机械由企业负责提供，每亩田地给劳动报酬 200 元，秋收时结算。这就解决了人力资本监督问题。

第二，农户分散，规模小，数量多，利益诉求不完全相同，联合所有权会增加企业的组织成本。水稻种植户转换成本较低，所以希望用联合所有权规避转换成本的应是企业，联合所有权中，如果企业和农户共同管理、共享收益，协调农户的成本较高，与其协调农户，还不如自己管理。这使联合所有权劣于纵向一体化。同时，就农户而言，多数农户都只选择两种情形，要么自己种植，要么将土地转包出去，外出务工。联合所有权下，农户也是将土地交给企业经营，且不说企业不会与农户分享利润，就农户而言，农户监督企业的费用更高，且在土地规模较小的情况下，让农户监督企业的行为，成本与收益不成正比。

第三，就水稻产业来看，联合所有权很难优于市场和合约。最主要的原因是，农户无论是购买生产物资，还是销售水稻，都十分方便。种子、农药、化肥等，农户可在当地直接零散购买，有的还可以赊账，用自己家的农机即可运回。插秧机和收割机都可在当地租赁。销售时，会有小商贩上门收购，附近的米厂、收购站也会主动来收购，农户不愁销售。总之，农户转换成本较低，且有市场保护价"托市"，农户讨价还价能力较强。此种情况下，农户没有必要与企业实行联合所有权，不仅可以规避自己的转换成本，还可以规避与企业的沟通、监督等费用，以市场或合约方式，简洁、明了地进行交易显得更为方便。

因此，这些因素决定了企业与水稻种植户之间的联合所有权很难实现，或存在不稳定性，很容易会滑向纵向一体化，或者是滑向市场、合约。调研样本中，共有 334 个农户与 27 家企业组建了合作社。

表 6.1 的统计结果显示，企业领办合作社的最主要目的多为保障原料供应，这与前述分析结果是一致的，保障原料供应、规避转换成本是企业领办合作社的最主要动因。得到合作社分红的农户占 1.4%，向合作社投资的农户占 1.2%，参与合作社管理的农户占 2.6%，产品一定与合作社交易的为 0。这些数据都表明，并非合作社所有成员都与企业建立了"共同投资、共同管理、共同受益"的联合所有权，与企业建立联合所有权的农户仅是少数农户，他们经营着合作社，与企业对接。这样，既能实现企业领办合作社的目的，规避转换成本，又能节省组织成本。接下来我们将会考察合作社对农户生产行为及价格的影响，进一步讨论企业和农户联合所有权的稳定性问题。

表6.1	合作社内部管理	
题项	答案	百分比（%）
企业领办合作社的最主要目的	保障原料供应	52.5
	销售农用物资	18.6
	保障农产品质量	0.8
	降低交易费用	13.6
	稳定农产品收购价格	14.4
合作社是否给您分红	是	1.4
	否	98.6

题项	答案	百分比（%）
您是否向合作社投资	是	1.2
	否	98.8
您是否参与合作社管理	是	2.6
	否	97.4
您的产品是否一定要卖给合作社	是	0
	否	100

资料来源：根据调研数据整理而得。

6.5.2　农户参与合作社意愿研究的局限性

我国对企业与农户联合所有权的研究，多以合作社为研究对象。研究焦点目前集中在农户参与合作社的意愿上。此类研究有四大缺陷：第一，没有对合作社的类型进行区分。营销合作社与土地流转合作社是完全不同类型的合作社。土地流转合作社更接近于纵向一体化。在没有区分合作社类型的基础上，就去研究农户加入的意愿，且影响因素不作区分是不科学的。第二，没有考虑企业的因素。如果合作社是联合所有权的一种形式，那么农户是否加入合作社还取决于企业。合作社发展与壮大不仅取决于农户是否愿意加入，更取决于领办者的意图和行为。第三，没有区分合作社与其他交易模式的关系。合作社与市场、合约之间的关系往往是交叉的，研究农户是否愿意加入合作社，并不能回答合作社与其他交易模式的区别。第四，没有解释合作社为什么产生。农户是否愿意加入合作社，不能反映合作社产生的原因。此问题仍处于模糊状态下，研究农户加入合作社的意愿问题，很难获得实质性的突破和解释现实中的重要问题。

因此，首先应区分营销合作社和土地流转合作社；其次，应分析合作社与市场、合作社与合约的区别。

6.5.3　营销合作社与市场的比较研究

企业领办营销合作社，有别于纯市场交易模式，必然有市场达不到的效果，也必然有主体从中获益。从理论模型可以看出，当企业转换成本与农户转换成本大于零时，市场就会让位于其他交易模式，或与其他交易模式相混合。不论营销合作社是否是规范合作社，我们先分析营销合作社存在的原因。

运用 884 个样本数据对营销合作社与市场模式进行比较，其中营销合作社样本是 231 个，市场样本是 653 个。因变量设置为"营销合作社 =1，市场 =0"，采用二元 Logit 回归方法。从实证分析结果来看（如表 6.2 所示），规避转换成本是影响企业和农户组建营销合作社的显著因素。"企业采购量""同村种植农户数""企业专项投资""特定品种"等对营销合作社成立产生显著影响，表明企业转换成本对营销合作社影响显著；农户转换成本各变量对营销合作社影响均不显著。加工企业比销售企业更有组建营销合作社的激励；农户户主年龄越小、文化程度越高、收入越少，越倾向于参与营销合作社。

表 6.2　　　　　　　　　　　　营销合作社与市场比较模型

变量		营销合作社与市场比较模型	
		系数	标准误差
自变量			
企业替代 交易费用	企业采购量	2.118 ***	0.816
	同村种植农户数	−0.011 ***	0.003
	运输距离	−0.052	0.694
农户替代 交易费用	农户与小商贩的交易费用	5.961	4.352
	农户与粮库的交易费用	6.066	3.165
	农户与其他交易者的交易费用	0.919	0.768
企业关系 专用性 成本	企业专项资产投资	0.006 ***	0.002
	特定品种	8.843 ***	2.055
	生产管理	2.276	2.380

续表

变量		营销合作社与市场比较模型	
		系数	标准误差
农户关系专用性成本	农户种植面积	−0.004	0.015
	农户生产成本变化	−20.971	24.858
	农户专项投入	9.049	11.431
控制变量	企业注册资本	0.001	0.001
	企业经营范围	5.235 ***	1.358
	农户户主年龄	−0.126 ***	0.034
	农户户主文化程度	5.362 ***	1.034
	农户年净收入	−3.112 ***	0.579
常量		30.455	29.820
−2 对数似然值		134.866	
卡方		0.725	

注：*** 代表显著水平为0.01。

此结果能够提供两个重要信息：一是"公司＋合作社＋农户"模式，其中的合作社多为企业主导，农户参与；二是企业领办合作社的目的是规避转换成本，合作社通过社员形式，事前"圈定"交易对象，这可以提高社员农户与企业的成交概率。当然，农户仍保持选择其他交易对象的自由，在"您的产品是否一定要卖给合作社"这个题项上，100%的农户回答"否"。但对于企业来说，成立合作社的成本不高，如果能够通过此种方式规避转换成本是很理想的，即使没有效果，也不会有什么损失。

因此，营销合作社对于企业的意义在于，比市场更能起到事前"圈定"交易对象的作用，更有利于企业规避转换成本。至于营销合作社是否会影响企业和农户之间的讨价还价能力，以及是否会影响农户的生产行为，后文将作进一步检验。

6.5.4 营销合作社与合约的比较研究

营销合作社与合约的比较是个复杂的研究课题。合作社成员内部就某些具体事项签约，但加入合作社的成员之间的合约关系与普通的合约关系也是有区别的。如成员之间相互让利，以低于市场价的方式成交，利润最后结算。从理论模型可以看出，基于转换成本的视角，联合所有权与合约之间不是直线关系，即联合所有权并不高于合约。运用429个交易样本数据对营销合作社与合约的模式进行比较，其中231个营销合作社农户样本，198个合约农户样本。因变量设置"营销合作社=1，合约=0"。从实证分析结果可以看出（如表6.3所示），转换成本对营销合作社与合约的选择影响不大，在规避转换成本方面，营销合作社与合约没有显著差异。

表6.3　　　　　　　　　　营销合作社与合约比较模型

变量		营销合作社与合约比较模型	
		系数	标准误差
自变量			
企业替代交易费用	企业采购量	2.785	3.637
	同村种植农户数	0.084	5.317
	运输距离	0.030	3.874
农户替代交易费用	农户与小商贩的交易费用	-3.936	9.120
	农户与粮库的交易费用	7.263	9.386
	农户与其他交易者的交易费用	8.630	18.498
企业关系专用性成本	企业专用资产投资	0.001	1.238
	特定品种	1.665	10852.331
	生产管理	0.990	2.783
农户关系专用性成本	农户种植面积	0.348	8.548
	农户生产成本变化	-20.971	24.858
	农户专项投入	-0.953	11.346

续表

变量		营销合作社与合约比较模型	
		系数	标准误差
控制变量	企业注册资本	0.008	5.033
	企业经营范围	8.039	33.909
	农户户主年龄	2.715	123.184
	农户户主文化程度	9.789	44.564
	农户年净收入	−0.628	67.664
常量		−35.889	84.076
−2 对数似然值		6.028	
卡方		0.987	

6.5.5 营销合作社对农户生产行为的影响

按照合作社的定义，合作社由成员共管，成员共同分享合作社的利润。农户作为原料供应者，企业是否参与农户生产行为体现了合作的紧密度。农户生产决策包括选种，农药、化肥施用量，农药、化肥的施用时间，收割、播种的方式，收割、播种的时间。只要企业参与了其中任何一项，我们就视为企业参与了农户生产决策，企业参与农户生产决策的具体情况见表6.4。

表 6.4 企业参与农户生产决策情况

	选种	农药、化肥施用量	农药、化肥施用时间	收割、播种方式	收割、播种时间
农户	16	14	18	18	14
企业	3	5	1	1	5

资料来源：根据调研数据整理而得。

如果组建营销合作社的企业和农户与没有组建营销合作社的企业和农户之间，企业参与农户生产行为表现出了显著的差异，说明营销合作社对企业参与农户生产有直接影响，从而对农户生产行为有较大影响。反之，则说明营销合作社对企业参与农户生产没有直接影响，从而对农户生产行为也没有显著影响。

从企业参与生产管理模型中，可以看出（如表 6.5 所示），是否组建营销合作社对企业参与农户生产管理没有显著影响。这表明营销合作社对农户生产行为并没有显著的影响。也就是说企业是否参与农户的生产决策，与是否组建了营销合作社没有直接关系。

表 6.5　　　　　　　　企业参与农户生产决策的影响因素分析

变量		企业是否参与您的生产管理	
		系数	标准误差
自变量	是否组建营销合作社（是 = 1；其他 = 0）	1.059	0.881
	是否签订合约（是 = 1；其他 = 0）	2.767	1.872
控制变量	企业注册资本	0.001	0.001
	企业经营范围	2.797 ***	0.861
	农户户主年龄	− 0.072	0.034
	农户户主文化程度	− 2.575 ***	0.669
	农户年净收入	− 0.062	0.114
	农户种植面积	0.005	0.012
常量		− 0.464	2.511
− 2 对数似然值		76.649	
卡方		0.261	

注：*** 代表显著水平为 0.01。

6.5.6　营销合作社对价格的影响

合作社的目标是与成员交易价格最大化（Helmberger and Hoos，1962）合作社被认为可以提高谈判能力，形成市场势力，对成交价格产生影响。然而，在"公司 + 合作社 + 农户"的组织形式中，合作社为企业领办，必然要满足企业要求，为企业规避转换成本，并不是作为谈判组织与企业对抗的，因此，合作社并不一定对成交价格产生显著影响。我们将市场作为基点，比较市场、合约和营销合作社对成交价格的影响，结果如表 6.6 所示。合约与市场相比，对价格有显著正向影响。这与本书第 4 章的分析结果是吻合的。营销合作社与市场相比，对成交价格没有显著影响。说明营销合作社并未影响农户的讨价还价能力。

表 6.6　　　　　　　　　　营销合作社对成交价格的影响

变量		成交价格是否高于市场价格	
		系数	标准误差
自变量	是否组建营销合作社（是 =1；其他 =0）	0.177	0.709
	是否签订合约（是 =1；其他 =0）	5.020***	0.579
控制变量	企业注册资本	0.001***	0.000
	企业经营范围	0.714	0.502
	农户户主年龄	0.036	0.022
	农户户主文化程度	0.530	0.350
	农户年净收入	0.217***	0.060
	农户种植面积	0.011***	0.003
常量		−2.297	1.467
−2 对数似然值		253.459	
卡方		0.602	

注：*** 代表显著水平为 0.01。

6.5.7　土地流转合作社

土地流转合作社是目前纵向一体化的一种形式，调研样本中有 203 个农户与 15 家企业建立了土地流转关系，其中有 107 个农户与 8 家企业组建了土地流转合作社。这 8 家土地流转合作社都是企业领办，农户首先将土地流转给合作社，再由合作社将土地流转给企业，这样做的原因是企业与单个农户签订合约交易费用高，由企业牵头，由当地人组织，创建合作社，合作社负责人落实合作社与农户的土地流转合约，再由合作社与企业签订流通合约。也有学者将这种模式称为"内股外租"（林乐芬、顾庆康，2015）。从表 6.7 可以看出，15 家企业流转土地面积在 2000 亩以上的有 6 家，享受政府补贴的有 12 家，组建土地流转合作社的有 8 家。

表 6.7 企业流转土地面积一览表

序号	流转土地面积（亩）	是否享有补贴	是否组建土地流转合作社
1	2213	是	是
2	236	否	否
3	678	是	是
4	224	否	否
5	2227	是	是
6	1381	是	是
7	2143	是	否
8	267	是	是
9	212	否	否
10	3429	是	是
11	328	是	是
12	815	是	是
13	2138	是	否
14	3146	是	是
15	573	是	否

资料来源：根据调研数据整理而得。

按照理论模型分析结果，在没有外力干预的情况下，联合所有权不优于纯纵向一体化。以"是否组建了合作社，是 = 1；否 = 2"为因变量，以企业和农户特征、政府政策为自变量，对 200 个纵向一体化数据进行实证分析可以看出（如表 6.8 所示），企业和农户组建合作社的主要影响因素是政府对土地流转合作社的支持。政府行为是推动土地流转合作社的主要动力。这个结果也支持了我们理论模型分析的结论。

　　另外，土地流转规模与组建合作社有相关关系，流转规模越大，获得的政府补贴越多，与农户签订流转合约的交易费用越大，所以组建土地流转合作社的可能性就越大。但核心是获得政府的支持，这个外力作用必不可少。土地流转合作社可获得政府对合作社的补贴，企业可获得政府对龙头企业的补贴。政府补贴弥补了土地流转交易费用，同时也激发了企业和合作社负责人土地流转的热情。企业组建土地流转合作社是否会真的发挥"共同出资、共同管理、共享收益"的作用，下面我们将进行检验。如果土地流转合作社并未具备合作社的特征，其实质仍是企业与农户实施纵向一体化的一种形式，并不是真正意义上的联合所有权或合作社。

表6.8　　　　　　　　　　　土地流转合作社选择模型

变量		土地流转合作社选择模型	
		系数	标准误差
自变量	政府对组建土地流转合作社是否有政策支持（是 = 1；否 = 0）	1.782**	2.335
控制变量	企业注册资本	0.064	8.047
	企业经营范围	9.553	14255.055
	农户户主年龄	6.792	139.883
	农户户主文化程度	17.450	4655.903
	农户年净收入	−22.440	404.977
	农户种植面积	9.213	34.960
常量		−76.761	1180.743
−2 对数似然值		6.029	
卡方		0.936	

　　注：** 代表显著水平为 0.05。因变量是"是否组建了合作社，是 = 1；否 = 2"。

　　我们对土地流转合作社农户与纯纵向一体化农户的土地转包价格进行了比

较。在 200 个土地流转农户中，转包价格平均价格为 594 元/年亩，标准差为
178.22。之所以有这么大的标准差，原因在于有的土地是两季的，有的土地是
一季的。两季的是水稻和小麦轮种。不同的土地质量，价格也不同，土地质量
变量很难控制，所以我们以"是否高于市场价格，是 = 1；否 = 0"为因变量。
如表 6.9 所示，从转包土地价格比较来看，是否组建土地流转合作社对土地转
包价格没有显著影响。也就是说，组建土地流转合作社并不能使农户获得更高
的转包价格。有的学者可能会提出，土地流转合作社对农户有分红，采取的是
"保底 + 分红"的模式。我们的理论模型已经得出结论，如果"保底"价格是
市场价格，那么"保底 + 分红"联合所有权模式很难优于纵向一体化，除非
总价格是相当的，只是计价形式不同而已。在 8 个土地流转合作社 107 个农户
社员样本中，没有领取过合作社分红的，也没有参与合作社管理的。

表 6.9　　　　　　　　　　土地转包价格影响因素分析

变量		土地转包价格	
		系数	标准误差
自变量	是否组建土地流转合作社（是 = 1；否 = 0）	48.065	12067.391
控制变量	企业注册资本	0.010	27.587
	企业经营范围	11.088	17986.715
	农户户主年龄	1.039	419.612
	农户户主文化程度	10.434	7877.915
	农户年净收入	2.787	858.854
	农户种植面积	-0.219	396.827
常量		-147.711	52026.041
-2 对数似然值		0.000	
卡方		1.000	

注：因变量是"是否高于市场价格，是 = 1；否 = 0"。

值得说明的是，我国农户流转土地后多外出务工，没有时间监督转入方的

经营行为，也就是说，监督费用极高，由此一来，"分红"制度、"参与管理"制度很难实施，因此，"纯租金"可能是企业和农户双方的最优定价方式。

土地转包出去后，企业支付合作社租金，合作社支付农户租金，其他事情与农户就没有关系了。因此，土地流转合作社的本质是纵向一体化实施中，整合小农户的组织形式，推动力是政府行为。

6.6　企业领办合作社动因的结论

通过以上分析，关于企业领办合作社，我们可以得出以下结论：

第一，企业与农户组建合作社主要动因是规避转换成本。合作社区别于纯市场模式之处在于，合作社可使企业和农户形成较市场紧密的组织，获得水稻购买优先权。采购量大的企业可以据此避免失去最近农户、转向其他农户的转换成本。水稻种植农户不与企业交易，转向其他交易对象的转换成本较低，农户组建合作社的激励不足。相比之下，企业组建合作社的激励更大。

第二，基于转换成本的视角，合作社并不是合约的高级形式。合作社并不比合约更能使双方获利。因为任何一方都可在合约中利用另一方的转换成本，增加自身的讨价还价能力。存在一方转换成本高，另一方转换成本低的情况下，合作社不能消除转换成本的差距，转换成本低的一方更倾向于选择合约。所以，即使是组建了合作社，也会有"合作社＋合约"的形式存在。

第三，合作社对农户的生产行为没有显著影响。企业规避转换成本，是水稻合作社产生的主要原因。合作社只是提供了企业与农户交易的优先权，并没有实现"成员共同管理、成员共享利润"的原则。

第四，企业和农户的联合所有权在理论上存在不稳定性，难以优于纵向一体化和合约组织形式。但在外力推动的情况下，企业和农户的联合所有权有可能建立，由于是外力推动，而非内生性的，因此，规范性较差，也不具有持续性和稳定性，但仍能发挥一定的作用。例如，土地流转合作社实质就是企业实施纵向一体化的桥梁，由于企业直接实施纵向一体化交易费用过高，因此，通过土地流转合作社作为中间组织形式，一头连接农户，一头连接企业，政府对土地流转合作社的补贴也激励了土地流转合作社的产生。

6.7　结论与政策建议

联合所有权通过内部交易，消除了转换成本的影响。分配机制也随之改变，合约下，转换成本影响着交易双方的讨价还价能力，转换成本高的讨价还价能力弱，转换成本低的讨价还价能力强。在联合所有权下，合作者以要素投入作为分配依据，消除了转换成本对分配的影响，这使转换成本高的交易者获益，可能会使转换成本低的交易者受损。联合所有权与纵向一体化都可以消除转换成本的影响，基于我国农户的特点，企业和农户联合所有权的组织成本较高，企业和农户联合所有权难以优于纵向一体化。通过对我国营销合作社和土地流转合作社现状的分析来看，合作社是企业为规避转换成本的一种组织选择，企业牵头组建合作社，少数农户负责与企业对接，"圈定"部分农户，保障原料供应，规避转换成本。此种形式下，合作社对农户的生产行为和成交价格不会有显著影响。

根据研究结果，我们提出以下政策建议：

第一，明确支持合作社发展的目的。如果按合作社理论理解现实中的合作社，会有偏差，现实中的合作社并不完全是成员投资、成员共管、成员受益的组织。企业领办的合作社，主导方在企业，主要目的是保障原粮供给、规避转换成本，是否能够惠及农户社员，在多大程度上能够惠及农户社员，需要深入调查研究。企业对农户的带动作用，关键看农户占有的资源，以及所生产的产品是否是转换成本较低的产品，而对于企业来说，却是转换成本较高的产品。企业转换成本高，农户转换成本低，此种情形下，企业投资的项目会惠及农户。如果农户失去了资源，农户的资源被企业占有，农户就失去了讨价还价的筹码，这样的合作社是无法惠及农户的，甚至是有损农户利益的。企业如果单纯是为了自身利益组建合作社，也无法真正惠及农户。

第二，充分发挥农户占有的资源，让多数农户在政策支持中有"获得感"。前面提到过，农业发展与农民增收本来是不矛盾的，但由于工商资本的介入，农业领域的效率与公平问题变得越来越突出。无论是联合所有权，还是纵向一体化，都可能会推动新项目的投入，促进农业现代化向前推进，但都只能使少数人获益，这两种模式都会剥夺农户占有的资源，消除农户转换成本较低的优势，使农户失去讨价还价的筹码，不能够分享农业发展的成果。

第 7 章　案例分析：米业公司 与农户的不同组织形式

7.1　水稻供应链分析

根据新古典经济理论，水稻市场接近完全竞争市场，每个交易者都只能是价格的被动接受者，现货市场应是最佳交易方式。然而，现实中确实出现了水稻合约。

安徽省肥东县总面积 2216 平方公里，人口 108.66 万，辖 18 个乡镇、331 个村（居、社区），店埠镇总面积 168.31 平方公里，其中城区面积 15.4 平方公里，共辖 12 个社区、10 个居委会、16 个村，全镇总人口 22 万。全镇共有耕地 6.8 万亩，主要种植模式是 "一油一稻""一麦一稻"。店埠镇共有米业公司或米厂 12 家，永江米业有限公司（以下简称 "公司"）是规模较大的米业公司之一，其位于肥东县店埠镇花滩民族村，成立于 2006 年，以水稻深加工和销售为主营业务，注册资本 500 万元。2013 年以来，公司业务量逐渐扩大，年销售额 6500 万元，每年需采购 2.5 万吨水稻。截至 2014 年 10 月底，公司固定资产总额达 1200 万元。在公司周围 10 平方公里内，水稻总产量约为 3000 吨，为满足深加工所需原粮，公司至少需要 10 个村子的水稻，赵户村、花滩民族村、刘小郢村、上湾村、下湾村、马厂村是距离该公司最近的六个村庄。

每年秋收时，会有很多小商贩到各个村子收购水稻，如果公司不能确保附近村民的原粮供给，就必须到更远的村子收购水稻，运输费用和人工费用是该公司"舍近求远"最大的替代交易费用。仅运输费用，每吨每公里平均 1.3 元左右。企业每年都会外出收购，为了尽可能减少出外收购费用，确保附近原粮供给，该公司于 2011 年开始与附近村民签订了水稻销售合同，签约农户达到 700 多户，其中 50 亩以上的种植户达到 300 户。2012 年，公司与湖南某婴幼儿食品企业合作，为该企业提供特定品种大米，为满足这个特殊客户的需求，公司需要农户按要求种植指定品种水稻，该品种水稻对公司的价值是其他品种水稻不能替代的，于是，公司与农户的关系专用性增强了，公司与 100 个农户签订了"种植＋销售"合约，由公司负责提供种子和水稻回收。

如果公司不能保障附近村民原粮供给，其替代交易费用将增加，水稻合约产生的原因不是为了降低与当前交易农户之间的交易费用，而是为了避免改变交易对象带来的替代交易费用；另外，当公司委托农户种植特定品种水稻时，公司与农户的关系专用性增强，公司改变交易对象后，将无法满足下游客户的需求，必然会发生价值折损，水稻合约产生的可能性增大。

图 7.1 展示了公司与附近农户的供应链关系，在与公司交易的附近农户中，由公司提供种子的大约占 3%，其余 97% 农户都是自己到市场上直接零星购买。公司自己也承包了土地，生产物资以批发为主，公司拥有自己的插秧机、收割机等主要农机具。附近农户将水稻卖给国有粮库及其网点的很少，大约只占 1%，这与前面对农户交易费用的分析是一致的。大约 47% 的农户将水稻卖给了上门收购的小商贩或收购站，50% 左右的农户卖给了公司。小商贩和收购站收购的粮食 80% 卖给了国有粮库及其网点，20% 卖给了公司，还有很少的一部分卖给了外地，这部分没在图中体现。公司将水稻加工成大米后，部分进入零售，部分卖给深加工企业，其中深加工企业对大米的质量要求较高，所以这部分水稻，公司一般选择自己向农户提供种子，且会高于市场价回购。

尤为重要的是，小商贩、粮库和收购站收购水稻与公司收购水稻差别极大。第一，收购目的不同，小商贩、收购站收购水稻的目的是出售给粮库，从中赚取差价，公司收购水稻的目的是作为原材料。

第二，收购标准不同，小商贩、收购站收购的水稻大部分卖给粮库，粮库对水稻的要求主要是"水"和"杂"，对"出米率"要求不高，对"长短""水稻品种"等也不要求。公司重点关注"出米率"，以及影响出米率的"水""杂"，对"长短""品种"要严格区分。

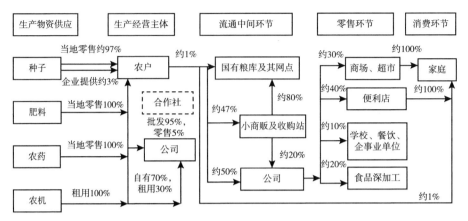

图7.1　公司及附近农户水稻供应链

　　第三，风险不同。最低收购价为小商贩、收购站提供了支撑，也为他们的收购行为提供了"底气"，利润有保证，农户单独向粮库卖粮的费用要远远高于卖给小商贩、收购站的费用，多数农户会选择将水稻卖给要求不高的小商贩、收购站。公司需要和小商贩、收购站"抢粮"，且对水稻要求更为严格。公司既要在市场上争夺"粮源"，又要考虑水稻的投入和产出，还要考虑大米的市场行情，大米价格的波动以及国外大米对国内市场的冲击都给公司带来了高度不确定性。

　　第四，专用资产成本不同。小商贩主要资产投入是货车，不收购粮食时，也可运输其他货物，收购站资产投入是简易仓储设施，公司除了要投入货车、仓储设施之外，更重要的是加工设备，甚至还建了烘干塔。假若粮源不足，小贩和收购站的损失较小，公司设备闲置和损耗的费用较大，回收固定成本的压力也更大。

7.2　水稻市场中的价格离散现象与自我实施合约

　　最低收购价为小商贩和收购站提供了价格支撑，但他们的转换成本较低。公司转换成本较高，所以需尽可能保住附近粮源和优质粮源。事先"圈定"交易对象可以提高公司与农户的成交概率，规避转换成本。这就促使公司与农户采取合约的方式。

合约只能提高公司与目标农户交易的概率，合约是否能够得到自动履行取决于农户的行为。对于水稻种植农户而言，他们更关心水稻产量和价格。从公司和农户的讨价还价能力来看，水稻属于大宗粮食商品，农户不存在"卖难"问题，即使不与公司进行交易，将水稻卖给小商贩，也不会增加替代交易费用和其他成本。然而，公司却存在替代交易费用和关系专用性问题。因此，在同一农户面前，小商贩、收购站和公司都作为买方，但转换成本不同，愿意支付的价格也不相同，"价格离散"现象由此产生。"溢价"是促使农户履约的主要因素。

公司与农户签约的第一年，合同规定公司以市场价收购签约农户水稻，但70%左右的签约农户将水稻出售给了先来收购的小商贩。2012 年以后，公司承诺向签约农户"溢价"收购，每斤收购价高出市场价 2 分钱，种植公司指定品种水稻的农户，每斤收购价高出市场价 5 分钱。2013 年与公司签约的 800 个农户中，履约农户为 763 户，农户履约率为 95.38%。未履约的 37 个农户，多为种植面积为 3 ~ 7 亩的农户。这些小农户由于产品数量少，即使每斤多卖 2 分钱，增加的收益也十分有限，当有小商贩上门收购时，就尽早地将水稻出售了。

7.3 纵向一体化：企业规避转换成本 与农户非农收益共同作用的结果

2013 年客户对特殊品种水稻的需求增大，公司很难保障该品种的采购量，即使运用价格杠杆，也无法保障农户种植该品种。一般籼稻品种又无法替代，这就形成了交易专用性，如果转向其他品种，公司及其客户都会遭受价值折损。客户—公司—农户形成了交易专用价值链。公司也尝试着与一些稻农签订协议，并承诺以每斤高出市价 5 分钱的价格收购，按每亩产量 1200 斤计算，每亩增收 60 元，这对于小农户而言，增收效益并不明显。而 10 亩以上的农户，增收效益在 600 元左右，履约的可能性较大。所以，公司对大农户的依赖性就较强，转换成本非常高。为避免这种转换成本，公司计划实施纵向一体化措施，打算从农户手中转包土地。

2014 年公司从花摊村某组 24 个农户转包了总面积达 220 亩的水田。转包期限 5 年，自 2014 年至 2019 年，转包价格为每亩 700 元。政府对本次转包没有补贴，但是村委会帮助协调转包事宜。所有农户都是以出租方式转包，农户不参与企业管理和分红。如表 7.1 所示，该组共有 52 个农户，10 亩以下的转包率为 100%，9~12 亩的转包率为 52.17%，12~15 亩的转包率为 15%。值得一提的是，这 52 户村民中有 45 个农户与公司就该品种水稻种植签过合约，从签约率来看，1~3 亩农户签约率为 0%，3~6 亩农户 50%，6~9 亩农户83.33%，9~12 亩签约率是 82.6%，12~15 亩签约率是 90%。

表 7.1   不同组织形式农户比例

项目	1~3 亩	3~6 亩	6~9 亩	9~12 亩	12~15 亩
转包农户数	1 户	2	6	12	3
总农户数	1	2	6	23	20
转包百分比	100%	100%	100%	52.17%	15%
曾签约农户数	0	1	5	19	18
签约率	0%	50%	83.33%	82.60%	90%

资料来源：根据调研数据整理而得。

由此可以看出，对于大农户而言，他们对公司的讨价还价能力较强，所以合约对他们更为有利，将土地转包给公司有损他们的利益。10 亩以上的农户将土地转包出去的主要原因是外出务工的驱动，这属于我们理论模型中的外力干预。这些事实都与我们的理论模型是相符的。

7.4 企业领办合作社：企业巩固现有交易关系的组织保障

7.4.1 合作社创建

永江优质水稻种植专业合作社属于企业领办型合作社。创建人完伟伟大学毕业后，2007～2008 年在广州从事大米销售工作。同时，完伟伟的父亲在老家做大米加工生意。经过两年的工作经验积累，完伟伟掌握了水稻加工、大米销售等实践知识。

2008 年末，完伟伟从新闻上得知国家出台了《农民专业合作社法》，鼓励农民回乡创业，以农民专业合作社的形式带动农民增收致富。2009 年初，完伟伟从广州回到家乡安徽省合肥市肥东县，打算创建合作社。

按照《农民专业合作社法》的要求，需要至少 5 户以上农民自愿加入，才能成立农民专业合作社。于是，完伟伟开始寻找并动员 5 位农户，可是，由于村民们对农民专业合作社不了解，也对完伟伟不信任，一听要凭身份证登记注册，更担心完伟伟拿着自己的身份证做损害自己利益的事情。完伟伟让在村里较有威望的父亲，从自己的亲戚开始做工作，终于凑够了 5 位农户，于2009 年 6 月在工商局注册登记肥东县永江优质水稻种植专业合作社。

合作社成立后，名义上合作社有 5 个成员，但实际运作人只有完伟伟一人。他心里清楚，如果没有实际的业务支撑，合作社只是个空壳。然而，完伟伟自己也不知道下一步该怎么办。

2009 年 10 月，肥东县财政局给合作社拨付了 1 万元启动资金，合作社购置了电脑、办公桌，制作了合作社标牌等。合作社有了固定的办公场所和设备，但还是没有明确的业务定位，还处于"迷茫阶段"（董晓波，2015）。

7.4.2　合作社发展

2010 年 4 月，肥东县财政局给予合作社 3 万元补贴。完伟伟利用这 3 万元做起了文章。首先，完伟伟以高于市场价的价格收购农户的水稻，然后烘干、加工成大米。农民看到了合作社高价收购粮食的好处，自然愿意将自己家的粮食卖给合作社。如此一来，合作社的名气也就大了，卖给合作社能卖高价的利益吸引着周边农户，凡是与合作社发生交易的农户都被纳入合作社成员中来。收购上来的原粮，经完伟伟家的加工厂加工成大米，包装后销售。利用原来在广州的关系，大米可以直接销售到广州。

7.4.3 合作社的不稳定性

在此过程中，公司与合作社是捆绑式的发展，收购原粮的是公司，盈余归公司所有。吸纳成员的是合作社，农户成为合作社的成员，并不参与公司事宜。虽然合作社有完善的制度，还建立了社员账户、农机操作台账、成员手册等。但是，此时合作社的收益，其实主要是政府扶持资金。

联合所有权很难操作，原因是：第一，按照最初设想的统一经营很难，农户有自己利益的考虑。农户不按合作社要求做事。例如，合作社要求农户种植某个品种的水稻、要求农户在某个时间打药，农户并不按要求操作。所以，农户都是"各自为政"。第二，合作社统一管理的费用极高，"小农就1亩2亩地，要求他如何按照合作社要求去植、去打药，不现实"，完伟伟这样说。第三，农户不出资。农户不出资是有原因的，如果有实际的利益，农户也会出资，关键问题是出资干啥？没有实际的业务支撑，农户出资也是白出资，没有回报。第四，合作社分配制度有漏洞。个人努力会被大家共同分享，那谁还愿意去做事呢，也就是我们经常说的"搭便车"。第五，合作社还是没有改变一家一户的经营模式，无法实现统一经营（董晓波，2015）。

基于对上述问题的考虑，完伟伟决定发展壮大自己的米业加工业务。于是，完伟伟仍把公司作为唯一的利润中心。公司开始寻找绿色优质水稻种子，与农户签订合同，如果农户种植该水稻种子，公司以高价收购。如果农户到年底再收取销售款，每斤还可以再加1毛钱作为回报。"以价格杠杆来调控农户行为比行政命令要好用，农户也不关心能否参与合作社管理，关键是农民销售价格怎样，农民要看到实实在在的好处"，完伟伟这样说。

"合作社和公司实现了共同发展，要是没有合作社，就不会获得国家的扶持，公司也就和其他加工厂一样；如果没有公司的支撑，合作社不会有经营模式的创新，合作社就只能是个空壳，合作社成员与其他农户无异。"所以在合作社发展中，必须发挥领头人或龙头企业的作用，否则合作社就没有实体业务支撑。

公司组建合作社的目的主要有：保障原料供应、保证水稻质量、稳定水稻收购价格、获得政府的支持。合作社并没有实现经营一体化，只是交易关系外加了一层组织"膜"。联合所有权是介于合约与纵向一体化之间的模式，对于企业来说，与农户组建联合所有权，与农户分利是不可能的，协调其他农户成员统一经营的成本很高，如果这样，不如企业自己承包土地。所以联合所有权次于纵向一体化。

第8章 研究结论与政策建议

8.1 研究结论

本书从企业和农户转换成本角度，对企业与农户之间的组织形式进行了分析。以霍特林模型为基础，构建了数理模型，分析了转换成本对市场、合约、纵向一体化以及联合所有权的影响，得出了不同组织形式的产生条件。采用企业和水稻种植农户交易数据作为样本数据，对数理模型假说进行了检验。并对安徽永江米业公司与农户交易关系进行了案例研究。得出以下初步结论：

第一，转换成本影响企业与农户的讨价还价能力。企业与农户的讨价还价能力随着自身转换成本的增加而减弱，随着对方转换成本的增加而增强。就水稻产业而言，农户转换成本较低，且有"保护价"支撑，讨价还价能力相对较强。采购量大、经营特色品种的深加工企业，转换成本较大，讨价还价能力相对较弱，"溢价"收购的可能性也就越大。存在转换成本的情况下，同质产品市场也会出现"价格离散"现象，这支持了霍特林模型的结论。此结论不仅为"溢价"提供了新的解释，还为推动企业带动农户增收提供了较好的思路，与当前农户关系专用性越强、替代交易费用越大的企业，越能让利于农户。因此，政府应多扶持转换成本较高的特色企业，同步实现农业发展与农民增收。

第二，合约的主导方在企业，转换成本较高的企业更倾向于采用合约，通过合约来事前"圈定"交易对象，提高成交概率，规避转换成本。吸引农户履约的关键要素是价格。价格在转换成本与农业合约之间起中介作用。在转换成本的作用下，农业合约会拥有不同于市场价格的自我实施价格区间，企业与农户的转换成本差距越大，自我实施价格区间就较大，农业合约就越有效。就水稻产业而言，农户转换成本较低，具有较高转换成本的企业会倾向于采取合约来替代市场，以规避转换成本；同时，企业"溢价"形成了农户履约的激励，合约有效性提高。

第三，随着转换成本的增加，纵向一体化不一定优于合约，纵向一体化不能简单地视为合约的进一步演化形式。从所有权来看，资源实现了最高程度的整合，但是从交易双方的利益来看，并不一定是互利的最高形式。纵向一体化消除转换成本的影响，转换成本高的一方更倾向于实施纵向一体化，转换成本低的一方则会因为纵向一体化失去讨价还价的优势。随着转换成本的增加，特别是企业和农户转换成本差距的扩大，纵向一体化将使转换成本高的一方受益，而使转换成本低的一方受损。所以，随着转换成本的增加，纵向一体化将不一定会优于合约，市场、合约与纵向一体化也不是直线关系。

第四，从企业和农户双方转换成本角度考虑，联合所有权难以优于纵向一体化，也难以优于合约，联合所有权具有一定的不稳定性。我国企业领办的合作社不完全符合"成员投资、成员共管、成员受益"的要求，但可以提高企业与成员的成交概率，可为企业保障原粮供给，规避转换成本。合作社区别于纯市场模式之处在于，合作社可使企业和农户形成较市场紧密的组织，获得水稻购买优先权。基于转换成本的视角，合作社并不比合约更能使双方获利。因为任何一方都可在合约中利用另一方的转换成本，提高自身的讨价还价能力。存在一方转换成本高，另一方转换成本低的情况下，合作社不能消除转换成本的差距，转换成本低的一方更倾向于选择合约。所以，即使是组建了合作社，也会有"合作社 + 合约"的形式存在。合作社对农户的生产行为和成交价格没有显著影响。

8.2　政策建议

根据以上结论，本研究提出以下政策建议：

第一，政府应根据企业和农户的交易特点推出产业化优惠政策，实现精准扶持，有效促进农民增收。不能简单地以企业固定资产总额、销售额、生产规模等指标作为"龙头"企业评判标准，而应注重企业促进农民增收的实际作用。重视粮食产业的纵深发展，积极鼓励企业就传统农产品原料，发展特色产品深加工业务，尽快实施优质粮食产业发展战略，如针对婴幼儿米粉的水稻加工业务。这类项目农户的转换成本低，能够使农民在低风险状态下提高收入，能够吸引农户积极参与，且能使农户获得切实的利益。

第二，对转换成本高的企业或项目给予优惠政策。这类企业或项目对农户有利，但是企业转换成本高，且遭遇农户违约的可能性较大，存在"溢价"收购压力，由此导致企业缺乏投资积极性，难以打破农民进一步增收困境。市场无法立即调节此种矛盾，这需要政府积极参与，对企业转换成本高、农户转换成本低的企业给予适当补贴，补贴力度相当于企业需要支付给农户的"溢价"部分。这样可以打消企业投资的疑虑，降低企业的成本。待产业成熟时，与企业合作的农户增加时，企业的转换成本就会下降，现货市场即可解决企业与农户的关系，政府干预可撤出市场。

第三，政府不能盲目推动农业产业化项目。企业和农户只有相互需要时关系才是最紧密的，转换成本较低的一方违约的可能性较大，政府可将重点放在企业转换成本较高的产业化项目上，支持企业通过价格机制吸引农户参与，从产业发展和农民增收双重目标出发推动发展产业化项目。认真研究企业和农户各自的转换成本，不能盲目地、强硬地"拉郎配"，也不能盲目地补贴农业产业化项目。推动农业产业化还需遵循客观规律，在粮食行业，农户转换成本较低，能否促进农民增收，关键看企业的规模和产品性质，采购量大的企业、需要农户提供特殊品种的企业，为规避转换成本，自然会以高价收购附近农户以及种植特定品种农户的产品。否则，即使政府给予企业补贴，企业也不一定会以高价收购农户产品，政府对农业产业化的补贴，也就成为对企业收入的补贴。另外，不需要强行推进"订单农业"，转换成本越高的双方签约的可能性越大，否则"溢价"收购也可以吸引农户履约。如果双方转换成本都很低，"订单农业"是没有意义的形象工程。

第四，必须首先明确农业改革的目标是发展现代农业，还是促进农民增收。发展现代农业，实行适度规模经营，这是对农业有利，但不一定对农民有利，关键看如何操作。土地流转给企业，引入大量资本进入，可以迅速发展现代农业，但是粮食种植户转换成本低，讨价还价能力较强的优势也将不复存在，特别是发展优质粮食产业的企业，农户与其交易，获利空间较大，企业为降低成本，会鼓励政府推动土地流转，消除农户的讨价还价能力。因此，推动土地流转，应多考虑大农户的利益。粮食种植户的转换成本很低，在与企业的讨价还价中处于优势地位。企业流转土地发展现代农业，农户将失去这种优势，是否能分享现代农业产生的成果是个未知数。小农户对于"溢价"收购的增收效益不明显，大农户则不然。根据本书的案例，种植企业指定品种的水稻农户，一般可获得每斤 5 分钱的"溢价"，以每亩产量增收 60 元计算，10亩以上的农户就可增收 600 元以上。在这种格局下，除了非农收入的影响外，大农户更不愿意将土地流转出去。因此，政策层面和实际操作层面需要考虑更多的现实问题。

第五，实行产业招标方式流转土地。农户将土地流转出去后，将很难分享之后的产业发展成果。特别是粮食种植户，转换成本低，讨价还价能力强，如果企业流转土地发展的是优质粮食产业，农户将失去讨价还价优势，失去应得的利益。所以，在土地流转之前，就应明确流转土地的用途，以及产业发展规划，将农户的讨价还价能力考虑在土地流转价格之中。这对农户是有利的，也是公平的。

第六，促进合作社发展，需要了解合作社成立的实际意义。合作社名字与实际运作是分离的，与合约和纵向一体化相比，企业和农户的联合所有权是极不稳定的组织形式，是企业保障原粮供给、规避转换成本的主要载体，对农户生产行为及成交价格没有显著影响。政府强力推动合作社发展，只会出现数量上的激增，不一定会给农户带来生产方式实际的改变。联合所有权很难优于合约和纵向一体化，合作社要么是合约的翻版，要么是纵向一体化的翻版，要么干脆就是虚无的。所以，鼓励合作社发展的前提是搞清楚究竟要发展什么，要促进谁的发展。

8.3 进一步研究的方向

本书是以水稻市场为例，对转换成本与组织形式的关系进行了研究，对安徽省企业与水稻种植户之间的交易关系进行了实证分析。其实，转换成本与组织形式的关系仍有一些可研究的问题，研究可行性较大的有以下几个：

第一，分析转换成本、市场结构与治理模式之间的关系。从转换成本角度细化市场结构的分类，从转换成本角度，寻找融合新古典经济学与新制度经济学的契合点。本研究虽然已在这个方面做了一些初步的尝试，但仍有很多问题值得深入研究。例如，市场结构的判断标准，可增加转换成本与交易费用维度，打破原有的完全竞争、垄断竞争、寡头、垄断的划分模式，打破传统的市场集中度简单、粗糙的划分标准。增加转换成本、交易费用可还原交易本质特征，更准确、更直接、更微观地分析交易行为，从而更细致地分析市场行为。

第二，运用转换成本理论分析其他行业的组织形式。水稻市场是粮食市场，农户转换成本较低。可对农户转换成本高的行业，或企业和农户转换成本都高的行业进行分析。观察此种情况下，转换成本对治理模式的影响。另外，样本选择以及实证方法都可以根据研究问题有所改变，可以将研究对象扩展到其他产业。

第三，在调研中发现还有很多值得研究的问题，如表 8.1 所示。这些问题可能与转换成本有关，也可能需要用其他理论来解释。理论需要来源于实践，指导实践。这些问题都是农户关心的问题，也是当前农村中存在的现实问题。

表 8.1　　　　　　　　　　调研中发现的问题

序号	调研时间	调研地点及对象	发现问题
1	2016 年 5 月 23 日	安徽省合肥市肥东县店埠镇半店村	（1）村中有很多农户是为了自给自足种地，不为商品交易，成年男子多外出打工，留下妇女种自家地，不愿意流转。 （2）村中种植大户与小农并存
2	2016 年 6 月 9 日	安徽省合肥市长丰县十井村	（1）新村建设中，自己出资和政府出资共建。土地多转包给大户，每亩 600 元，也有转包给企业作旅游的。 （2）农户只关心自己土地能租出多少钱，不关心别人承包之后能赚多少钱。不会对企业或大户实施机会主义行为

续表

序号	调研时间	调研地点及对象	发现问题
3	2016 年 6 月 26 日	黑龙江省甘南县合胜村	(1) 大豆补贴，补贴多少，怎么补贴，农民都不知道，村里是怎么上报的，村民也不知道。 (2) 水稻种植农户很少有能按照保护价出售水稻的，只有小贩子到粮库才能卖上价。 (3) 村子里有 3 个农户与企业签订了合约，种植水稻种子，但农户也不能确定到收获季节企业是否会来收购。 (4) 村民们感慨，政策农民不知道，也没人管，每个农户都按照自己的想法做事，农民就是最底层的存在
4	2016 年 6 月 30 日	黑龙江查哈阳农场	(1) 水稻多卖给米厂，不卖给粮库，原因是粮库多收小商贩的水稻，小商贩将优质粮和劣质粮混合后以高价卖给粮库，他们不愿意收出米率高的优质水稻，更愿意用低价收购劣质水稻，然后高价卖出，这样可以增加利润。 (2) 20% 的农场职工家庭水稻种植面积在 150 亩以上。 (3) 米业公司每天需要几十吨水稻，公司自己也到村里去收
5	2016 年 7 月 5 日	黑龙江齐齐哈尔市富尔农艺	(1) 富尔农艺需要 5 万吨水稻种子。 (2) 农户不愿意种，因为种植要求严格
6	2016 年 12 月 24 日	安徽淮南佳益米业	(1) 与米业公司交易的多是小贩。 (2) 农户与米业公司直接交易的较少
7	2017 年 3 月 25 日	安徽合肥新禾米业	(1) 农民不愿意种植有机大米。 (2) 公司没有办法只好自己种
8	2017 年 7 月 15 日	黑龙江甘南县合胜村村民	(1) 水稻种植成本上升，特别是劳动力成本上升明显，插秧一天工资 300 元/人。 (2) 农民选种的标准是产量。 (3) 水田、旱田专业化趋势明显，有的村民专种水田、有的村民专种旱田
9	2017 年 7 月 26 日	黑龙江甘南县龙泉米业、兴鲜米业	(1) 受保护价影响，水稻价格居高不下，米业公司经营困难。 (2) 有的米业公司不作加工生意了，而是为粮库代储水稻
10	2017 年 4 月 2 日	安徽省合肥市庐江县	(1) 大多数村民外出打工，村子一片凋敝景象，村镇上生意不好做。 (2) 土地抛荒严重

续表

序号	调研时间	调研地点及对象	发现问题
11	2017 年 7 月 14 日	山东省莒南县昊睿农机化种植合作社	（1）农民种植红薯，对品种、市场概念不清晰，合作社带领农民种植，仍采用市场交易模式。 （2）合作社与朝日公司长期合作，销售比例占 90%
12	2017 年 7 月 17 日	山东省临沂鲁盛养鸭专业合作社	（1）合作社与食品公司签订合同，合作社将鸭苗、饲料赊给农户，合作社从中赚取饲料的利润。 （2）合作社与农户采用市场模式
13	2017 年 8 月 9 日	安徽省黄山市黟县碧阳镇钟山村	（1）111 个农户将土地流转给合作社，当了股东，防止抛荒，年底可获得至少 400 元分红。 （2）农户不参与合作社经营、管理
14	2017 年 8 月 16 日	安徽省合肥市永江米业	（1）米业公司领办合作社，目的是为了保障原粮。 （2）农户加入合作社后，可以分享到国家对合作社的政策优惠
15	2018 年 8 月 22 日	河南信阳市淮滨县	（1）民营企业生存困难，无法与国有企业竞争。 （2）民营企业创新的道路不清晰
16	2018 年 8 月 23 日	河南信阳粮食局	（1）收购、存储、加工等一环一环是断开的。 （2）小麦质量差，高价收购、低价销售现象严重，仓容紧张
17	2019 年 11 月 26 日	安徽省凤阳县小岗村	（1）甜甜圈、供销社、村集体组建合作社，向农户平价销售农药、化肥。 （2）合作社向农户提供外包服务
18	2020 年 2 月 5 日	黑龙江省甘南县、龙江县	（1）由于 2019 年洪涝灾害，玉米、水稻歉收，且玉米和水稻价格都不高，2020 年农户对该种什么非常茫然。 （2）农户搞不清楚国家的补贴政策，据说，大豆的补贴会较高，所以很多农户说"啥补贴高就种啥"

资料来源：根据调研资料整理而得。

第四，农业政策的针对性。我国幅员辽阔，各地农业经营状况差异非常大。不能用一个治理模式、经营模式来推广、复制。有的地区农业已不是多数农民的主要收入来源，土地大规模流转。专业大户、合作社、家庭农场等为主要经营主体，这些主体的转换成本较高，对买方的依赖程度会较大。重点扶持专业大户、合作社不会对其他经营主体有太大伤害。还有一些农村，例如黑龙江一些地区，一个村中至少还有 1/2 的农户家庭靠农业生活，每家的规模都较大，一般在 150 亩左右，大农户种植面积可达 2000 亩以上。这些地区，小农、大户、合作社、家庭农场、企业并存。如果专门扶持合作社、大户、家庭农场、企业等新型经营主体，将小农排除在外，势必会影响小农的利益。

参 考 文 献

［1］［美］埃弗里特·M.罗吉斯，［美］拉伯尔·J.伯德格著，王晓毅，王地宁译.乡村社会变迁［M］.杭州：浙江人民出版社，1988.

［2］［美］埃里克·弗鲁博顿，［德］鲁道夫·芮切特著，姜建强，罗长远译.新制度经济学——一个交易费用分析范式［M］.上海：格致出版社，上海三联书店，上海人民出版社，2012.

［3］蔡荣."合作社＋农户"模式：交易费用节约与农户增收效应——基于山东省苹果种植农户问卷调查的实证分析［J］.中国农村经济，2011（11）：58－65.

［4］崔宝玉，刘峰.快速发展战略选择下的合作社政府规制及其改进［J］.农业经济问题，2013（2）：49－55.

［5］董晓波.资产专用性、市场结构与合约选择——企业领办合作社的动因与营销分析［J］.商业研究，2015（5）：116－117.

［6］董晓波，刘从九，刘纪荣.政府行为在合作社创建与发展中的作用研究——以肥东县永江优质水稻种植专业合作社为例［J］.中国集体经济，2015（20）：45－47.

［7］郭晓鸣，廖祖君.公司领办型合作社的形成机理与制度特征——以四川省邛崃市金利猪业合作社为例［J］.中国农村观察，2010（5）：48－55.

［8］何一鸣，罗必良.产业特性、交易费用与经济绩效——来自中国农业的经验证据（1958～2008年）［J］.山西财经大学学报，2011（3）：57－62.

［9］［美］亨利·汉斯曼著，于静译.企业所有权论［M］.北京：中国政法大学出版社，2001.

［10］黄季焜，邓衡山，徐志刚.中国农民专业合作经济组织的服务功能

及其影响因素［J］. 管理世界，2010（5）：75 - 81.

　　［11］黄少安. 交易费用理论的主要缺陷分析（上）［J］. 学习与探索，1996（4）：4 - 10.

　　［12］贾甫，赵楠. 劳动力规模、组织成本与农业生产合作组织演变——基于民国以来的历史分析［J］. 经济评论，2012（1）：32 - 41.

　　［13］蒋士成，费方域. 从事前效率问题到事后效率问题——不完全合同理论的几类经典模型比较［J］. 经济研究，2008（8）：145 - 156.

　　［14］李忠旭，沈丽莹. 农户参与土地流转合作社意愿及影响因素研究——基于辽宁省农户的调查［J］. 调研世界，2014（11）：29 - 33.

　　［15］林乐芬，顾庆康. 农村土地股份合作社发育类型及其绩效评价——基于215家农村土地股份合作社的调查［J］. 中国土地科学，2015（12）：34 - 41.

　　［16］刘凤芹. 不完全合约与履约障碍——以订单农业为例［J］. 经济研究，2003（4）：22 - 30.

　　［17］刘洁，祁春节. "公司 + 农户"契约选择的影响因素研究：一个交易成本分析框架［J］. 经济经纬，2009（4）：106 - 109.

　　［18］［美］科斯，哈特，斯蒂格利茨等著，［瑞典］拉斯·沃因，汉斯·韦坎德编. 李风圣主译，契约经济学［M］. 北京：经济科学出版社，1999.

　　［19］［美］科斯著，罗君丽等译. 论经济学和经济学家［M］. 上海：格致出版社，上海三联书店，上海人民出版社，2010.

　　［20］［美］迈克尔·波特著，陈小悦译. 竞争战略［M］. 北京：华夏出版社，2003：20 - 21.

　　［21］［美］迈克尔·波特著，陈小悦译. 竞争优势［M］. 北京：华夏出版社，2005：272.

　　［22］聂辉华. 最优农业契约与中国农业产业化模式［J］. 经济学（季刊），2012（1）：313 - 330.

　　［23］荣泰生. AMOS 与研究方法［M］. 重庆：重庆大学出版社，2009.

　　［24］史晋川，傅绍文. 纵向一体化与联合所有权——通用—费希尔公司收购案例研究［J］. 中国工业经济，2004（9）：80 - 86.

　　［25］苏东水. 产业经济学［M］. 北京：高等教育出版社，2000.

　　［26］王军. 公司领办的合作社中公司与农户的关系研究［J］. 中国农村

观察，2009（4）：20－25.

［27］温铁军．农民专业合作社发展的困境与出路［J］．湖南农业大学学报（社会科学版），2013（8）：4－6.

［28］徐旭初．农民专业合作组织立法的制度导向辨析——以《浙江省农民专业合作社条例》为例［J］．中国农村经济，2005（6）：19－24.

［29］［美］乔治·J. 施蒂格勒．产业组织［M］．王永钦，薛锋译，上海：上海三联书店，上海人民出版社，2006.

［30］［英］亚当·斯密．国富论［M］．唐日松，等译，北京：华夏出版社，2012.

［31］杨瑞龙，杨其静．专用性、专有性与企业制度［J］．经济研究，2001（3）：3－11.

［32］杨小凯．经济学原理［M］．北京：中国社会科学出版社，1998.

［33］杨小凯，黄有光．专业化与经济组织——一种新兴古典微观经济学框架［M］．北京：经济科学出版社，1999.

［34］姚文，祁春节．交易成本对中国农户鲜茶叶交易中垂直协作模式选择意愿的影响——基于9省（区、市）29县1394户农户调查数据的分析［J］．中国农村观察，2011（2）：52－66.

［35］尹云松，高玉喜，糜仲春．公司与农户间商品契约的类型及其稳定性考察——对5家农业产业化龙头企业的个案分析［J］．中国农村经济，2003（8）：63－67.

［36］应瑞瑶，王瑜．交易成本对养猪户垂直协作方式选择的影响——基于江苏省542户农户的调查数据［J］．中国农村观察，2009（2）：46－56.

［37］苑鹏．对公司领办的农民专业合作社的探讨——以北京圣泽林梨专业合作社为例［J］．管理世界，2008（7）：62－69.

［38］张五常．经济解释——张五常经济论文选［M］．北京：商务印书馆，2002.

［39］张五常．佃农理论［M］．北京：商务印书馆，2002.

［40］张五常．受价与觅价，经济解释（卷三）［M］．北京：中信出版社，2012.

［41］张五常．制度的选择，经济解释（卷四）［M］．北京：中信出版社，

2014.

　　[42] 张晓山. 大户和龙头企业领办合作社是当前中国合作社发展的现实选择 [J]. 中国合作经济, 2012 (4): 10 - 11.

　　[43] 周立群, 曹利群. 商品契约优于要素契约——以农业产业化经营中的契约选择为例 [J]. 经济研究, 2002 (1): 14 - 19.

　　[44] Acemoglu D. , Johnson S. , and Mitton T. Determinants of Vertical Integration: Financial Development and Contracting Costs [J]. The Journal of Finance, 2009, LXIV (3): 1251 - 1290.

　　[45] Aghion P. , Griffith R. , and & Howitt P. U-shaped relationship between vertical integration and competition: Theory and evidence [J]. International Journal of Economic Theory, The International Society for Economic Theory, 2006, 2 (3 - 4): 351 - 363.

　　[46] Allen D. W. and Lueck D. Transaction Costs and The Design of Cropshare Contracts [J]. Rand Journal of Economics, 1993, 24 (1): 78 - 100.

　　[47] Andrews, G. , N. D. Hamilton, and J. W. Looney. Legal Aspects of Livestock Production and Marketing: Emerging Legal Issues – Contract Farm Production [J]. National Center for Agricultural Law Research and Information, Producer Bulletin No. 43, May, 1994.

　　[48] Arumugam N. , Arshad M. , Eddie C. and Mohamed Z. Determinants of Fresh Fruits and Vegetables (FFV) Farmers' Participation in Contract Farming in Peninsular Malaysia [J]. International Journal of Agricultural Management & Development, 2011, 1 (2): 65 - 71.

　　[49] Aust P. An Institutional Analysis of Vertical Coordination Verses Vertical Integration: The Case of the US Broiler Industry [R]. Staff Paper 97 - 24, Department of Agricultural Economics, Michigan State University, 1997.

　　[50] Austin J. E. Agroindustrial Project Analysis [M]. Johns Hopkins University Press, Baltimore, 1981.

　　[51] Bac M. Switching costs and screening efficiency of incomplete contracts [J]. Canadian Journal of Economics, 2000, 33 (4): 1034 - 1048.

　　[52] Baker, G. , Gibbons, R. , and Murphy, K. Relational Contract and the

Theory of the Firm [J]. Quarterly Journal of Economics, 2002, 117 (1): 39 – 84.

[53] Bell C. The Choice of Tenancy Contract: In The Balance between Industry and Agriculture in Economic Development. Eds. I. Adelman and S. Lane, Proceedings of the Eighth World Congress of the International Economics Association, Delhi, India Vol. 4, St. Martin's Press, New York. , 1989.

[54] Bonus H. The cooperative Association as A Business Enterprise: A Study in the Economics of Transaction [J]. Journal of Institutional and Theoretical Economics, 1986 (142): 310 – 339.

[55] Borenstein S. Selling costs and switching costs: explaining retail gasoline margins, Rand Journal of Economics, 1991, 22 (3): 354 – 369.

[56] Bunn D. W. , Martoccia M. , Ochoa P. , Kim H. , Ahn N. S. , and Yoon Y. B. Vertical Integration and Market Power: A Model – Based Analysis of Restructuring in the Korean Electricity Market [J]. Energy Policy, 2010, 38: 3710 – 3716.

[57] Bushnell J. B. , Mansur E. T. , and Saravia C. Vertical Arrangements, Market Structure, and Competition: An Analysis of Restructured U. S. Electricity Markets [J]. American Economic Review, 2008, 98 (1): 237 – 266.

[58] Calton D. W. Vertical Integration in Competitive Markets Under Uncertainty [J]. The Journal of Industrial Economics, 1979, 27 (3): 189 – 209.

[59] Cakir M. and Balagtas J. V. Estimating Market Power of U. S. Dairy Cooperatives In The Fluid Milk Market [J]. American Journal of Agricultural Economics, 2011, 94 (3): 647 – 658.

[60] Choi E. K. , and Fernerman E. Producer Cooperatives, Input Pricing and Land Allocation [J]. Journal of Agricultural Economics, 1993, 44 (2): 230 – 244.

[61] Coase, R. H. The Nature of the Firm. Economica (4), November 1937, 386 – 405.

[62] Cook M. L. The Future of U. S. Agricultural Cooperatives: A Neo-institutional Approach [J]. American Journal of Agricultural Economics, 1995, 77: 1153 – 1159.

[63] Cook M. L. , and Chaddad F. R. Redesigning Cooperative Boundaries:

The Emergence of New Models ［J］. American Journal of Agricultural Economics, 2004, 86 (5): 1249 – 1253.

［64］ Cotterill R. W. The Performance of Agricultural Marketing Cooperatives in Differentiated Product Markets ［J］. Journal of Cooperatives, 1997: 23 – 34.

［65］ Crespi J. M. , Saitone T. L. , and Sexton R. J. Competition in U. S. Farm Product Markets: Do Long – Run Incentives Trump Short – Run Market Power? ［J］. Applied Economic Perspectives and Policy, 2012, 34 (4): 669 – 695.

［66］ De Janvry, A. , Fafchamps M. , and Sadoulet, E. Peasant Household Behaviour with Missing Markets: Some Paradoxes Explained ［J］. Economic Journal, 1991, 101 (409): 1400 – 1417.

［67］ Dikolli S. , Kinney J. R. , Sedatole K. Measuring Customer Relationship Value: The Role of Switching Cost ［J］. Contemporary Accounting Research, 2007, 24 (1): 93 – 132.

［68］ Du X. , Lu L. , and Zilberman D. The Economics of Contract Farming: A Credit and Investment Perspective ［A］. Allied Social Sciences Association Annual Meeting, Philadelphia, PA, January 3 – 5, 2014.

［69］ Eaton, Charles and Andrew W. Shepherd. Contract Farming: Partnerships for Growth, Food and Agricultural Organization (FAO) Agricultural Services Bulletin, 2001, Vol. 145.

［70］ Edlin A. , and S. Reichelstein. Holdups, Standard Breach Remedies, and Optimal Investment ［J］. American Economic Review, 1996, 86: 478 – 501.

［71］ Eber N. Switching Costs and Implicit Contracts, Journal of Economics, 1999, 69 (2): 159 – 171.

［72］ Elzinga K. , and Mills E. Switching Costs in the Wholesale Distribution of Cigarettes, Southern Economic Journal, 1998, 65 (2): 282 – 293.

［73］ Emelianoff I. V. Economic Theory of Cooperation ［M］. Ann Arbor: Edward Brothers Publisher, 1942.

［74］ Enke S. Consumer Cooperatives and Economic Efficiency ［J］. American Economic Review, 1945, 35 (1): 148 – 155.

［75］ Escobal J. A. , and Cavero D. Transaction Costs, Institutional Arrangements and Inequality Outcomes: Potato Marketing by Small Producers in Rural Peru [J]. World Development, 2012, 40 (2): 329 - 341.

[76] Fafchamps M. , and Madhin G. Agricultural markets in Benin and Malawi [J]. African Journal of Agricultural and Resource Economics, 2006, 1 (1): 67 - 94.

[77] Farrell J. , and Shapiro C. Dynamic Competition with Switching Costs [J]. Rand Journal of Economics, 1988, 19 (1): 123 - 137.

[78] Frank S. D. , and Henderson D. R. Transaction Costs as Determinants of Vertical Coordination in the U. S. Food Industries [L]. American Journal of Agricultural Economics, 1992, 11: 941 - 950.

[79] Fraser, I. M. Contractual relations between wine grape growers and wineries in Australia: Survey Results, Australian Viticulture, 2002, 6: 68 - 79.

[80] Fukunaga K. and Huffman W. E. The Role of Risk and Transaction Costs in Contract Design: Evidence From Farmland Lease Contracts IN U. S. Agriculture [J]. American Journal of Agricultural Economics, 2009, 91 (1): 237 - 249.

[81] Fulton J. R. , Popp M. P. , and Gray C. Strategic Alliance and Joint Venture Agreements in Grain Marketing Cooperatives [J]. Journal of Cooperatives, 1996: 1 - 13.

[82] Fulton M. , and Giannakas K. Organizational Commitment in A Mixed Oligopoly: Agricultural Cooperatives and Investor - Owned Firms [J]. American Journal of Agricultural Economics, 2001, 83 (5): 1258 - 1265.

[83] Gehrig T. , Stenbacka R. Differentiation-Induced Switching Costs and Poaching [J]. Journal of Economics & Management Strategy, 2004: 632 - 655.

[84] Ghee, L. T. and R. Dorall. Contract Farming in Malaysia: with a Special Reference to FELDA Land Schemes. Contract Farming in Southeast Asia, edited by D. Glover and L. T. Ghee, 71 - 119. Institute for Advanced Studies, University of Malaya, Kuala Lumpur.

[85] Ghosh M. , John G. Governance Value Analysis and Marketing Strategy [J]. Journal of Marketing, 1999, 63: 131 - 145.

[86] Goodhue R. E. Broiler Production Contracts As A Multi - Agent Problem: Common Risk, Incentives And Heterogeneity [J]. American Journal of Agricultural

Economics, 2000, 82: 606 – 622.

[87] Grosh, B. Contract Farming in Africa: An Application of the New Institutional Economics' [J]. Journal of African Economies, 1994, 3 (2): 231 – 261.

[88] Grossman S. and Hart O. The Cost and Benefits of Ownership: a Theory of Vertical and Lateral Integration [J]. Journal of Political Economy, 1986, 94 (4): 691 – 719.

[89] Hansmann, H. The Ownership of Enterprise [M]. Cambridge, MA: The Belknap Press of Harvard University Press, 1996.

[90] Hart O. and Moore J.. Contracts As Reference Pints [J]. The Quarterly Journal of Economics, February 2008, 123 (1): 1 – 48

[91] Hart O. and Moore J. Property Rights and the Nature of the Firm [J]. Journal of Political Economy, 1990, 98 (6): 1119 – 1158.

[92] Hart O. Hold-up, Asset Ownership, and Reference Points [J]. The Quarterly Journal of Economics, February, 2009: 267 – 300.

[93] Hart O. Firms, Contracts, and Financial Structure, ch. 2, Oxford University Press, 1995.

[94] Heide, J. B. and Weiss, A. M. Vendor Consideration and Switching Behavior for Buyers in High – Technology Markets [J]. The Journal of Marketing, 1995, 59: 30 – 43.

[95] Hellin J., Lundy M., and Meijer M. Farmer Organization, Collective Action and Market Access in Meso – America [J]. Food Policy, 2009, 34 (1): 16 – 22.

[96] Hellmer S. Switching Costs, Switching Benefits and Lock-in Effects – The Reregulated Swedish Heat Mart [J]. Energy & Environment, 2010, 21 (6): 563 – 575.

[97] Helmberger, P., and S. Hoos. Cooperative Enterprise and Organization Theory [J]. Journal of Farm Economics. XLIV, No. 2 (1962): 275 – 290.

[98] Hennart, J. F. Explaining the Swollen Middle: Why Most Transactions Are a Mix of "Market" and "Hierarchy" [J]. Organization Science, 1993, 4 (4): 529 – 547.

[99] Hobbs J. E. Measuring the Importance of Transaction Costs in Cattle Marketing [J]. American Journal of Agricultural Economics, 1997, 79 (11): 1083 – 1095.

[100] Hotelling H. Stability in Competition [J]. The Economic Journal, 1929, 39 (153): 41 – 56.

[101] Joskow P. L. Vertical Integration and Long – Term Contracts: the Case of Coal – Burning Electric Generating Plants [J]. Journal of Law, Economics and Organization, 1985 (1): 33 – 80.

[102] Kaarlehto, P. Cooperation as a Form of Economic Integration. Acta agriculturae Scandinavica 1955, 5: 85 – 97.

[103] Karantininis K. and Zago, A. Cooperatives and Membership Commitment: Endogenous Membership in Mixed Duopsonies [J]. American Journal of Agricultural Economics, 2001, 83 (5): 1266 – 1272.

[104] Kenneth G. Elzinga and David E. Mills. Switching Costs in the Wholesale Distribution of Cigarettes [J]. Southern Economic Journal, 1998, 65 (2): 282 – 293.

[105] Key, N. and D. Runsten. Contract Farming, Smallholders, and Rural Development in Latin America: The Organization of Agroprocessing Firms and the Scale of Production [J]. World Development, 1999, 27 (2): 381 – 401.

[106] Key N. Production Contracts and Farm Business Growth and Survival [J]. Journal of Agricultural and Applied Economics, 2013, 45 (2): 277 – 293.

[107] Kilmer R. L. Vertical Integration in Agricultural and Food Marketing [J]. American Journal of Agricultural Economics, 1986: 1155 – 1160.

[108] Klein B., Crawford R., Alchian A. Vertical Integration, Appropriate rents, and the Competitive Contracting Process. J Law Econ. No. 21 (1978): 297 – 326.

[109] Klemperer P. Markets with consumer switching costs [J]. The Quarterly Journal of Economics, 1987 (5): 375 – 387.

[110] Klemperer P. The competitiveness of markets with switching costs [J]. Rand Journal of Economics, 1987, 18 (1): 138 – 150.

[111] Klemperer P. Price Wars Caused by Switching Costs [J]. Review of Economic Studies, 1989, 56: 405 –419

[112] Klemperer P. Competition When Consumers Have Switching Costs: An Overview with Applications to Industrial Organization, Macroeconomics, and International Trade [J]. Review of Economic Studies, 1995, 62: 515 –539.

[113] Knoeber C. R. A Real Game of Chicken: Contracts, Tournaments, and the Production of Broiler [J]. Journal of Law, Economics and Organization, 1989, 5: 271 –292.

[114] Kogut B. Joint Ventures: Theoretical and Empirical Perspectives [J]. Strategic Management Journal, 1988, 9 (4): 319 –332.

[115] Kumar S., Devender, Chakarvarty K., Chand P., J. P. S. Dabas. Mode of Operation and Performance of Contract Farming of Cottonseed in Haryana [J]. Agricultural Economics Research Review, 2007, 20: 99 –116.

[116] LeVay, C. Agricultural co-operative theory: a review [J]. Journal of Agricultural Economics, 1983, 34 (1): 1 –44.

[117] Leegomonchai and Vukina, Leegomonchai, P. and T. Vukina. Dynamic incentives and agent discrimination in broiler production tournaments [J]. Journal of Economics and Management Strategy, 2005, 14: 849 –877.

[118] Levy D. The transaction cost approach to vertical integration: an empirical examination [J]. Review of Economics and statistics, 1985, 67: 438 –445.

[119] Little, P., and Watts, M. Living Under Contract: Contract Farming and Agrarian transformation in Sub – Saharan Africa. Madison: University of Wisconsin Press, 1994.

[120] Lorenzo Zirulia. Switching Costs, Consumer Heterogeneity and Price Discrimination [J]. Journal of Economics, 2010, 101: 149 –167.

[121] MacDonald J. M. Market Exchange or Vertical Integration: An Empirical Analysis [J]. Review of Economics & Statistics, 1985, 67 (2): 327 –331.

[122] MacDonald J. M. Agricultural Contracting, Competition, And Antitrust [J]. American Journal of Agricultural Economics, 2006, 88 (5): 1244 – 1250.

[123] Marinucci M. Optimal Ownership in Joint Ventures with Contributions of

Asymmetric Partners ［J］. Social Science electronic Publishing, 2009, 97（2）: 141 - 163.

［124］ Mark B. Houston and Shane A. Johnson. Buyer - Supplier Contracts Versus Joint Ventures: Determinants and Consequences of Transaction Structure ［J］. Journal of Marketing Research, Vol. XXXVII, February, 2000: 1 - 15.

［125］ Marvin B. Lieberman. Determinations of Vertical Integration: An Empirical Test ［J］. Journal of Industrial Economics, Special Issue on Vertical Relations, 1991: 31 - 35.

［126］ Maskkin E. and Tirole, J. Two Remarks on the Property - Rights Literature ［J］. Review of Economic Studies, 1999, 66: 139 - 149.

［127］ Michael Jensen and William Meckling. Theory of the Firm: Managerial Behavior, Agency Costs and Ownership Structure ［J］. Journal of Financial Economics, 1976（3）: 305 - 360.

［128］ Mighell R. and Jones L., Vertical Coordination in Agriculture, US Department of Agriculture, Agricultural Economic Report No. 19, 1963.

［129］ Milford A B. The Pro - Competitive Effect of Coffee Cooperatives in Chiapas, Mexico ［J］. Journal of Agricultural and Food Industrial Organization, 2012, 10（1）: 1 - 27.

［130］ Minot, N. Contract Farming and Its Effect on Small Farmers in Less Developed Countries. Working Paper No. 31. East Lansing: Michigan State University, 1986.

［131］ Miyata, S., N. Minot and D. HU. Impact of Contract Farming on Income: Linking Small Farmers, Packers, and Supermarkets in China ［J］. World Development, 2009, 37（11）: 1781 - 90.

［132］ Morooka Y. and Hayami Y. Contract Choice and Enforcement in An Agrarian Community: Agricultural Tenancy in Upland Java ［J］. The Journal of Development Studies, 1989: 28 - 42.

［133］ Morrison P. S., Murray W. E., and Ngidang D. Promoting Indigenous Entrepreneurship Through Small - Scale Contract Farming: The Poultry Sector in Sarawak, Malaysia ［J］. Singapore Journal of Tropical Geography, 2006（27）:

191 – 206.

[134] Nilssen T. Two Kinds of Consumer Switching Costs [J]. Rand Journal of Economics, 1992, 23 (4): 579 – 589.

[135] Nourse E. G. Economic Philosophy of Co-operation [J]. The American Economic Review, 1922: 577 – 597.

[136] Ohm, H. Member behavior and optimal pricing in marketing coopera- tives [J]. Journal of Farm Economics, 1956, 38: 613 – 621.

[137] Oliver E. Williamson. The Theory of the Firm as Governance Structure: From Choice to Contract [J]. Journal of Economic Perspectives, 2002, 16 (3): 171 – 195, 181.

[138] Ordover, J. A. , Saloner G. , and Salop S. Equilibrium Vertical Fore- closure [J]. American Economic Review, 1980 (March): 127 – 142.

[139] Otsuka K. , Chuma H. and Hayami Y. Permanent Labour and Land Ten- ancy Contracts in Agrarian Economies: An Integrated Analysis. Economica, 1993 (60): 57 – 77.

[140] Oya, C. Contract Farming in Sub – Saharan Africa: A Survey of Approa- ches, Debates and Issues [J]. Journal of Agrarian Change, 2012, 12 (1): 1 – 33.

[141] Pandey P. Effects of Technology on Incentive Design of Share Contracts [J]. The American Economic Review, 2004, 94 (4): 1152 – 1168.

[142] Perry M. K. Vertical Integration by Competitive Firms: Uncertainty and Diversification [J]. Southern Economic Journal, 1982, 49 (1): 201 – 208.

[143] Perry M. K. Vertical Integration: Determinants and Effects, in Richard Schmalensee and Robert D. Willig, eds. : Handbook of Industrial Organiza- tion. North Holland, Amsterdam, 1989.

[144] Phillips, R. Economic Nature of the Cooperative Association [J]. Jour- nal of Farm Economics, 1953, 35: 74 – 87.

[145] Rehber, E. Vertical Integration in Agricultural and Contract Farming. Uludag University, Faculty of Agriculture, Scientific Research Series, 1998.

[146] Rokkan I. , Heide, B. , and Wathne H. Specific Investments in Mar- keting Relationships: Expropriation and Bonding Effects [J]. Journal of Marketing

Research, 2003, XL: 210 – 224.

[147] Roy, E. P. Contract Farming and Economic Integration [M]. Danville, IL: Interstate Press, 1972.

[148] Royer J. S. Cooperative Organizational Strategies: A Neo – Institutional Digest [J]. Journal of Cooperatives, 1999, 14: 44 – 67.

[149] Runsten, D. and Key, N. Contract Farming in Developing Countries: Theoretical Aspects and Analysis of Some Mexican Case Studies. Report LC/L. 989. Santiago, Chile: Economic Commission for Latin America and the Caribbean, 1996.

[150] Saenger C. , Qaim M. , Torero M. , Viceisza A. Contract Farming and Smallholder Incentives to Produce High Quality: Experimental Evidence From the Vietnamese Dairy Sector [J]. Agricultural Economics, 2013, 44 (3): 297 – 308.

[151] Salinger M. A. Vertical Mergers and Market Foreclosure [J]. The Quarterly Journal of Economics, 1988, 345 – 355.

[152] Schieffer J. and Wu S. Private Mechanisms, Informal Incentives, and Policy Intervention in Agricultural Contracts [J]. American Journal of Agricultural Economics, 2006, 88 (5): 1251 – 1257.

[153] Schlesinger H. , and Schulenburg J. Search Costs, Switching Costs and Product Heterogeneity in an Insurance Market [J]. The Journal of Risk and Insurance, 1991: 109 – 119.

[154] Sengupta S. , Krapfel E. , Pusateri A. Switching Costs in Key Account Relationships Journal of Personal Selling & Sales Management, 1997, 9 – 16.

[155] Sexton R. Market Power, Misconceptions, and Modern Agricultural Markets [J]. American Journal of Agricultural Economics, 2013, 95 (2): 209 – 219.

[156] Sexton R. J. The Formation of Cooperatives: A Game-theoretic Approach with Implications for Cooperative Finance, Decision Making and Stability [J]. American Journal of Agricultural Economics, 1986, 68 (2): 214 – 225.

[157] Shaffer, J. D. Thinking about farmers'cooperatives, contracts, and economic coordination [A]. In Royer, J. (Eds), Cooperative theory: new approaches [C]. ACS Service Report No. 18, USDA, Washington D. C. , 1987: 61 – 86.

［158］Shy O. The Economics of Network Industries ［M］. Cambridge University Press, Cambridge, 2001.

［159］Singh, S. Contracting Out Solutions: Political Economy of Contract Farming in the Indian Punjab ［J］. World Development, 2002, 30 (9): 1621 – 1638.

［160］Singh S. Role of the State in Contract Farming in Thailand: Experience and Lessons ［J］. AEA N Economic Bulletin, 2005, 22 (2): 217 – 228.

［161］Staatz J. M. The Cooperative as a Coalition: A Game-theoretic Approach ［J］. American Journal of Agricultural Economics, 1983, 65: 1084 – 1089.

［162］Swain B. Contract Farming and Agricultural Development: A Case Study of Orissa ［J］. The Icfai University Journal Agricultural Economics, 2009, Ⅵ (1): 55 – 69.

［163］Sykuta M. E. , and Cook M. L. A New Institutional Economics Approach to Contracts and Cooperatives ［J］. American Journal of Agricultural Economics, 2001, 83 (5): 1273 – 1279.

［164］Teece D. J. Transactions Cost Economics and the Multinational Enterprise: An Assessment ［J］. Journal of Economic Behavior and Organization, 1986 (7): 21 – 45.

［165］Tsang W. K. Transaction Cost and Resource – Based Explanations of Joint Ventures: A Comparison and Synthesis ［J］. Organization Studies, 2000, 21 (1): 215 – 242.

［166］Vassalos M. , Hu W. , Woods T. A. , Schieffer J. , Dillon C. Fresh Vegetable Growers' Risk Perception, Risk Preference and Choice of Marketing Contracts: A Choice Experiment ［A］. SAEA Annual Meeting, Orlando, Florida, 3 – 5 February, 2013.

［167］Velde K. V. , and Maertens M. Contract – Farming in Staple Food Chains: The Case of Rice in Benin ［J］. Bioeconomics Working Paper Series, No. 9, 2014.

［168］Von Weizsacker, C. Christain. The Costs of Substitution ［J］. Econometrica, LⅡ, 1984: 1085 – 1116.

［169］Wallis J. and North D. Measuring the Transaction Sector in the American Economy, 1870 – 1970 ［M］. In Long – Termfactorsin American Economic Growth, Edited by Stanley L. Engerman and Robert E. Gallman. University of Chicago Press, 1986.

［170］Webster, F. The Changing Role of Marketing in the Corporation ［J］. Journal of Marketing, 1992, 56（10）: 1 – 17.

［171］Wilson, J. The Political Economy of Contract Farming ［J］. Review of Radical Political Economics, 1986, 18（4）: 47 – 70.

［172］Woonghee Tim Huh, Upmanu Lall. Optimal Crop Choice, Irrigation Allocation, and the Impact of Contract Farming ［J］. Production and Operations Management, 2013, 22（5）: 1126 – 1143.

［173］Wu S. Y. Contract Theory and Agricultural Policy Analysis: A Discussion and Survey of Recent Developments ［J］. The Australian Journal of Agricultrual and Resource Economics, 2006, 50: 490 – 509.

［174］Wu S. Y. and Roe B. Contract Enforcement, Social Efficiency, and Distribution: Some Experimental Evidence ［J］. American Journal of Agricultural Economics, 2007, 89（2）: 243 – 258.

［175］Zhang J. , Tang W. , Hu M. Optimal Supplier Switching With Volume – Dependent Switching Cost ［J］. International Journal of Production Econmics, 2015, 161: 96 – 104.

［176］Zhang, Q. F. and J. A. Donaldson. The Rise of Agrarian Capitalism with Chinese Characteristics: Agricultural Modernization, Agribusiness and Collective Land Rights ［N］. The China Journal, 2008, 60: 25 – 47.

［177］Zhang Q. F. The political Economy of Contract Farming in China's Agrarian Transition ［J］. Journal of Agrarian Change 2012, 12（4）: 460 – 483.